ALL ABOUT
INTERPRETER

올어바웃
통번역사

Prologue   8

김인경   12

통번역사가 되는 것이 유일한 진리가
아니라는 것을 꼭 알았으면 좋겠어요

정다혜   50

실체가 단단해야 그 외의 것들이 아름다워
보이는 거라고 생각해요. 무엇이 중요한지
잘 생각했으면 좋겠어요

김성아   88

돈만 보고 할 수 있는 일은 아닌 것 같아요
2년 동안의 통번역대학원 과정은 단순히 좋아서
할 수 있는 일은 아니에요

박은주   116

더 나은 사람이 되고 싶어
더 나은 내가 되고 싶은 열망

박소정 144

저는 통번역사가 대우받는 직업인 줄 알았어요
통역사라는 미명 하에 아르바이트생

박유지 174

통역사보다 재미있는 일은 더 많을 것 같아
통번역사는 나의 많은 정체성 중에 하나일 뿐

임미라 200

프리랜서 통번역사는 전문직이면서도
아주 대표적인 비정규직이거든요

이무헌 232

엄밀히 말하면 회사에서 통번역을 주요 업무라고
생각하지 않아요. 부가 업무라고 생각을 하죠

Epilogue 268

Prologue

통번역사로 살아가도 괜찮을지 모르겠다.

"언어 하나만 할 줄 알면 먹고 사는데 지장 없어"

어렸을 때부터 어른들에게 줄곧 듣던 말이었다. 어른들이 하는 말 중에 틀린 말 하나 없다며 언어 하나만 할 줄 알면 정말 '먹고 사는데' 지장 없을 거라고 철석 같이 믿고 한 길만 걸어왔건만, 웬걸…? '언어' 하나로 '먹고'만 살기에는 세상이 너무 달라져버렸다. 내 신세는 뭐랄까… 약간 낙동강 오리 알 중에서도 급류의 오리 알 신세라고 해야 할까.

"정말 언어 하나만으로도 먹고 살 수 있을까?"

언어 하나로 먹고 살아보겠다며 화려함과 당당함의 끝판왕이라고 생각했던 '전문 통번역사'가 되기 위해 죽네 사네 하며 통번역대학원을 졸업했지만 졸업하자 마자 '언어' 하나만으로 내가 원하는 삶을 살아갈 수 없음을 직감했다. '아차' 싶었다. 내가 가진 거라고는 '언어'뿐이었는데 언어 능통자 포화상태에 직면하며 불안감이 엄습했다.

언어 능통자와 통번역대학원 졸업생(전문 통번역사)의 차이는 통번역대학원을 졸업한 사람끼리만 알 만큼 비밀스러운 이야기였다. 그 말은 즉 아무도 그 차이를 알아주지 않는다는 것이다. 여전히 언어 실력은 "너 몇 급 땄어?", "점수 몇 점 이야?"로 통한다. 전문 통번역사는 지금도 여전히 '언어를 잘 하는 사람'일 뿐 그 이상도 그 이하도 아니었다. 통번역대학원 입시 준비를 하기 전에 알아봤어야 하는 현실을 통번역대학원을 졸업한 후 알아보기 시작했다. 아무튼 항상 한발 늦는다.

누구 바짓가랑이라도 붙잡고 물어보고 싶었다. "정말 언어 하나만으로 내가 원하는 삶을 살아갈 수 있을까?", "전문 통번역사로 살아가도 괜찮을까?". 이 궁금증에 대한 답을 얻고 싶었고 현직 전문 통번역사의 꾸며진 겉모습이 아닌 그 이면의 '진짜 현실'을 알고 싶었다. 웬만한 보여지는 모습은 통번역대학원 입시 때부터 통번역대학원 졸업 때까지 볼 건 다 보았으니 진짜 현실을 알고 싶었다. 어쩌면 그들의 삶이 나의 미래일 수도 있으니까.

많은 사람들이 전문 통번역사의 지적이고 화려한 모습, 자유로운 삶 그러면서도 고액연봉자라는 이미지에 주목하여 '진짜 현실'은 알지 못 한 채 전문 통번역사의 길로 뛰어든다. 하지만 우리는 입을 모아 이야기 한다. 우리의 기대와 달리 진짜 현실은 녹록지 않다고, 이제 통번역사는 그만 두고 다른 직업으로 전향하고 싶다고, 시력 버려가며 공부했는데 세상의 갖은 무시에 지쳐버렸다고…

대한민국에서 활동하고 있는 8명의 전문 통번역사를 모시고 차마 묻지 못 해 들을 수 없었던 이야기를 통해 진짜 현실을 낱낱히 전하고자 한다.

어려운 질문에도 솔직하고 진솔하게 답변해주신 8인의 인터뷰이 덕분에 각각의 개성과 교훈이 녹아든 소중한 이야기를 담을 수 있었다. 많은 분들이 <올 어바웃 통번역사> 인터뷰매거진을 통해 전문 통번역사의 현실을 경험하고 독자는 진로에 대한 궁금증을 덜고 나아가 만반의 준비를 하여 선택의 폭을 넓힐 수 있기를 바란다. 그리고 전문 통번역사로 살아가면서 어려움을 겪고 있는 분들에게 위로가 되었으면 좋겠다.

나는 스스로에게 물었다.

나... 통번역사로 살아가도 **정말** 괜찮을까...

통번역사(通飜譯士): [명사] 통역과 번역을 할 자격을 가진 사람
인터뷰에서 등장하는 전문 통번역사, 동시통역사, 국제회의 통역사는
'통번역사'와 같은 의미로 쓰였음을 알려드립니다.

김 인 경

한중 국제회의 통역사

"통번역사가 되는 것이
유일한 진리가 아니라는 것을
꼭 알았으면 좋겠어요."

Q 간단한 자기소개 부탁드립니다.

네. 안녕하세요. 저는 현재 한중 통번역사로 일하고 있는 김인경입니다. 2005년에 대학원을 졸업했으니까 벌써 14년이라는 세월이 지났네요. 14년 차 프리랜서입니다.(웃음) 주로 협동조합, 여성인권에 관심이 있습니다. 여성 인권에 관련해서는 NGO 단체에서 활동하고 있고요. 협동조합은 출신학교와 전공, 거주지역과 국적을 뛰어넘어 통번역 일을 하는 사람들이 만든 번역협동조합인데 2014년도에 설립해서 지금까지 참여하고 있습니다. 통번역사, 협동조합원 그리고 여성 인권 활동가라고 할 수 있겠네요.(웃음)

Q 인터뷰 장소로 특별히 '책방 이음'을 선택하신 이유가 있나요?

성균관대학교 박사과정에 들어가면서 책방 이음을 알게 되었어요. 일단 조용해서 좋고 대표님도 좋으시고요. 자주 오려고 하는데 최근에는 바빠서 자주 들르지 못했어요. 여기 책장에 있는 서적들이 무척 좋아요. 인문사회과학 분야 서적도 많고 예술 관련 책도 있고 품절된 도서도 여기서는 찾아볼 수 있어요. 오랫동안 변경하지 않는 제 프로필이 'High Thinking, Simple Life'인데 이 말씀을 하신 리영희 선생님의 『리영희 저작집』도 있어요. 다른 서점에서는 찾기 힘든 책이에요.

대형 프렌차이즈 서점과 달리 여기는 비영리서점이다 보니 돈이 생기면 도움이 필요한 곳에 먼저 기부를 하고 또 책방 안에서 일하시는 분도 서점 직원이 아닌 자원봉사자예요. 사회 약자들의 이슈에 주목하는

'컨셉'이 분명한 서점이에요. 규모는 작지만 개성 있는 전시공간도 있고요. 1인 출판을 하게 되면 이 공간에서 작가와 독자가 1:1로 더 가까이 만날 수가 있어요.

Q '책방 이음'을 후원하고 계신다고 들었습니다.

아주 조금 후원하고 있습니다. 저는 뿌리 회원이에요.(웃음) 소액이에요. 뿌리회원이 되면 책방의 음료나 서적을 할인받을 수 있어요.

**Q 소액이라고 하셨지만 비영리서점의 입장에서는
큰 도움이 아닐까요?**

여러 사람의 힘이 모이는 거니까요. 흔한 말로 '작은 물방울이 모여서 큰물이 되는 것'처럼요. 모든 일이 이러한 방향으로 가야 한다고 믿어요.

**Q 이제 날씨도 많이 풀리고 벚꽃도 다 폈더라고요.
요즘은 어떻게 지내고 계신가요?**

원래 봄은 가을대비 비수기이긴 한데 올봄은 좀 바빴어요. 3월에 중국의 여성 인권변호사분들이 한국으로 오셔서 2주 동안 연수 일정을 같이 소화하면서 일을 시작했고 그 밖에 제 연구 활동 등으로 일본과 한국 현지답사 일정 등 여러 가지 일들이 있었네요.(웃음)

그리고 어제 뵈었던 분인데 강렬하게 인상에 남는 분이었어요. 그분은 콘텐츠, 브랜드 기획을 하시는 분이셨는데 그분을 뵙고 통번역사는 너무 통번역 일만 하고 오로지 공부만 하고 있구나라는 생각을 잠시 했었어요. 다양한 아이디어를 재미있는 콘텐츠로 뽑아내는 일을 하시는 분을 보면서 통번역사는 왜 통번역 일만 하고 다른 재주가 없을까라는 생각도 했어요.

Q 그럼 실제로 전문 통번역사는 잔재주가 없는 통번역만 할 줄 아는 사람일까요?

그렇지는 않아요. 앞에서 말한 분과 통역사의 창의력은 다르게 나타나니까요. 보통 통번역사들의 창의력은 '언어'로 집중돼요. 통번역 계는 사실 진입장벽이 낮은 분야잖아요. 외국어를 조금만 할 줄 알면 들어오게 되고요. 하지만 전문 통번역사가 되기 위해서는 2년의 통번역대학원 수학 과정은 분명히 필요하고 그 시간이 절대 헛되지 않아요. 그리고 다른 분들이 잘하는 게 많아 보여도 모든 것은 상대적이기 때문에 그분들이 보시기에 우리가 일하는 전문 통번역 분야가 굉장히 대단하다고 느껴질 수 있어요.

Q '새로운 언어'에 언제부터 관심을 가지기 시작하셨나요?

대학을 갈 때 물론 성적에 따라가는 것도 있었지만 외할아버지가 중국어를 배워야 한다고 하셨어요.

제가 첫 손녀라서 굉장히 관심이 많으셨어요. 외할아버지는 초등학교 교장 선생님 출신에 서예가신데 중국어를 배워야 더 크게 성장할 수 있을 거라 하셨고 저희 아버지는 여자니까 일본어를 배워야 한다고 하셨어요. 제가 중국어로 마음이 기울었을 때 집안 어른들은 심지어 제게 "여자애가 오랑캐 말을 배우는 건 옳지 않다! 그러니 영어를 배워라"라고 하셨어요. 그런데 유일하게 외할아버지만 줄곧 중국이 앞으로 더 큰 시장이라고 하시면서 중국어를 배우라고 하셨죠. 외할아버지는 식민지 때 대련으로 피난을 가시면서 그 당시에 대륙의 잠재력을 보신 것 같아요. 언어를 선택하는 데에 있어서 외할아버지의 힘이 컸어요.

Q 중국어라는 새로운 언어를 선택하실 때 두려움은 없으셨나요?

완전 백지상태였지만 어떤 언어인지 한 번 배워보자는 마음이었어요. 영어는 오랫동안 해서 지겹기도 하고 저한테는 모든 외국어가 처음 배우는 언어이다 보니 일본어나 중국어나 비슷하다고 생각한 거죠.(웃음)

Q 처음 중국어 공부를 시작하셨을 때 정말 어려웠을 텐데 어떠셨나요?

너무 어려웠어요. 하니 씨도 알다시피 중국어는 3개를 동시에 외워야 하잖아요. 중국어 한자, 병음, 성조를 포함한 소리 구조를 동시에 익혀야 하니까요. 영어처럼 소리 나는 데로 쓰는 말이 아니잖아요. 고등학교때 제2외국어로 배운 일본어도 힘들었는데 중국어는 더 어렵게 느껴졌어요.

대학교 1학년 1학기 때는 실컷 놀다가 여름방학 때 두 달 동안 상해사범대학교로 교환학생을 갔어요. 열심히 공부하지 않아서 중국어의 성조도 구분 못 할 때였는데 여름방학 두 달 동안 현지에서 다시 공부하면서 중국 친구들과 조금씩 대화가 되니까 중국어가 재밌어졌어요. 그때 앞으로 중국어 공부를 열심히 해야겠다고 생각했죠.

Q 중국어에 막 흥미가 생겼을 때 한국으로 돌아오셔서 아쉬우셨을 것 같아요.

그래서 그 후에 하얼빈으로 1년 정도 교환학생을 갔었고 또 휴학하고 베이징에 1년 더 있었어요. 그때는 집에서 벗어나서 중국이라는 세상을 보고 싶고 중국어를 마음껏 사용해 보고 싶었어요. 상하이를 가봤으니까 북쪽의 하얼빈에도 가보고 싶었고 또 베이징은 중국의 수도라서 가보고 싶었어요.

Q 중국으로 혼자 유학 가셨을 때 힘들지는 않으셨나요?

저는 베이징 유학이 굉장히 힘들었어요. 지금 와서 생각해보면 개인이 성장하는 과정인 것 같아요. 교환학생으로 상하이나 하얼빈을 갔을 때는 주변에 돌봐주는 사람도 있고 또 선후배도 있었고 모두 익숙한 사람이었는데 베이징은 제가 자발적으로 혼자 간 곳이라서 아는 사람이 아무도 없었어요. 그리고 제가 일부러 한국 사람이 없는 곳으로 갔거든요.

1년 동안 완벽한 타지에서 생소한 사람들과 어울려 살고 또 다양한 일로 부딪히는 게 굉장히 힘들더라고요. 제 룸메이트가 인도네시아 화교였는데 이 상황도 너무나도 낯선 상황이었던 거죠. 전 어디를 가나 굳건하게 잘 해내고 누구하고든 잘 지낼 줄 알았거든요. 씩씩하게 보내느라 애썼지만 굉장히 우울했어요. 슬픈 기분이라고 해야 하나? 겉으로 잘 살고는 있지만 굉장히 외로웠어요. 그래서 아직도 베이징은 좋아하지 않아요. 짧다면 짧다고 할 수 있는 1년이었지만 그 시간 동안 외로움과 싸우면서, 버티면서 공부하는 게 힘들었어요.(웃음)

**Q 베이징에서 중국어 실력을 높이기 위해 어떻게 공부하셨나요?
자신만의 마음가짐, 규칙이 있었나요?**

특별하게 세운 건 없었지만 한 달에 한 번씩 스스로 중국어 테스트를 하자는 마음으로 매달 HSK 시험에 응시했어요. 그리고 당연한 말이지만 수업을 열심히 들었어요. 숙제도 많이 내주셔서 힘들었지만 1년 동안 정말 많이 배웠어요.

**Q 한 달에 한 번씩 HSK 시험을 보기란 정신적으로나
금전적으로나 굉장히 버거웠을 것 같은데요.
교수님께서는 원하시던 결과를 얻으셨나요?**

제가 베이징에 있을 때 대학 동기는 하얼빈에 있었거든요. 그 친구랑 내기를 했었어요. 한국으로 돌아가기 전에 HSK 시험에서 누가 더 고득점

을 받을지 대결하자고 했었죠. 그 친구는 연수 기간 동안 HSK 시험을 한 번도 보지 않고 귀국하기 직전에 딱 한 번 봤는데 그 친구가 저보다 시험 성적이 더 잘 나왔어요.

너무 의아했어요. 생각해보니 저는 점수에 일희일비했고 한 달간의 공부 결과를 빨리빨리 확인하고 싶어 했던 반면, 하얼빈에 있던 친구는 여유 있게 당일 배웠던 텍스트를 통째로 암기했어요. 그리고 중국 친구랑 매일 수영장 가는 길에 외운 텍스트를 다시 뱉어 내는 거죠. 그러니까 그 친구는 정말 언어를 위한 공부를 차분하게 한 거고 저는 시험을 위한 공부를 한 거죠. 이런 경험들이 사실 통번역대학원 공부할 때 도움이 많이 되었어요. 점수에 연연할 것이 아니라 그냥 전체적인 언어 수준을 끌어올리면 시험은 아무것도 아니라는 것을 깨달은 거죠.

Q 베이징에 계셨을 때 많이 외로웠다고 하셨는데 '가장 외로웠던 순간'이 있으셨나요?

어울릴 사람은 있는데 마음 맞는 사람이 없었다는 거? 지금 생각해보면 그냥 공부만 했어도 되는데 어리다 보니 마음에 맞는 사람이 없다는 것이 크게 자리 잡은 거죠. 그리고 사람에 대한 스트레스만큼 공부에 대한 스트레스도 컸어요. 1년 동안 중국으로 연수도 다녀왔는데 HSK 고득점도 못 따면 너무 창피하다고 생각했거든요. 지금 생각해보면 사람들과 잘 어울려야 한다는 스트레스를 내려놓고 공부에만 집중했으면 좋았을 텐데. 요즘어는 통역할 때 가장 외로워요. 오롯이 혼자 모든 것을 감당해내야 하니까요.

Q '전문 통번역사' 직업을 가지게 된 계기가 궁금합니다.

대학교 3학년 겨울방학 때 강원 동계 아시안게임이 춘천에서도 열렸어요. 그때 통역 자원봉사자를 하면서 통역 일을 처음 접했고 대학교 4학년 때부터 구체적으로 통번역대학원에 들어가려면 어떻게 해야 하는지를 찾아봤어요. 저희 집이 춘천인데 주말마다 경춘선을 타고 서울에 있는 통번역대학원 입시 학원에 가서 수업을 들었거든요. 근데 힘들지 않고 재밌었어요. 처음 통번역대학원에 간다고 했을 때는 입시 준비기간이 필요하니까 부모님은 반대하셨어요. 합격 여부도 확실치 않았으니까요. 통대 입시는 사실 1년이라는 시간을 그냥 백수로 지내는 거잖아요? 준비 기간이 더 길어질 수도 있고요. 그래서 부모님은 교육대학원 입학을 추천하셨지만 교대는 저의 길이 아닌 것 같다는 생각에 통대입시 학원으로 갔죠. 첫해에 바로 합격을 못 해서 1년 더 공부하고 통번역대학원에 들어갈 수 있었어요.

Q 부모님의 반대가 심했다고 하셨는데 어떻게 설득하셨나요?

임용고시 보는 것도 굉장히 힘들잖아요. 그래서 부모님께 "임용고시나 통번역대학원 합격하는 길이나 둘 다 힘들다. 내가 임용고시를 보느니 이 열정으로 통번역대학원 공부를 하겠다"라고 설득했어요. 나에게 투자해 달라고요.

Q 통번역대학원 입시 준비기간은 보통 1년 6개월 ~ 2년 정도인 것 같아요. 더 오랫동안 준비하시는 분들도 있고요. 오히려 단기간에 준비해서 들어오신 분들도 있고요.

2년 정도는 해야 하는 것 같아요. 단기간에 준비해서 입학한 학생들은 통번역대학원 커리큘럼을 굉장히 힘들어하더라고요. 좀 시간이 걸리더라도 입시 기간은 충분히 필요한 시간이라고 생각해요.

Q 통번역대학원 입시학원 커리큘럼에서 가장 도움이 되었던 공부방식이 있었나요?

입시 학원에서 자료를 굉장히 많이 주시잖아요. 그 방대한 자료량에 대해서는 저도 부담을 많이 느꼈어요. 그 자료를 다 보지 못하면 죄책감을 느끼고 마치 공부를 안 한 것 같고요. 그리고 제 기억에 충격적이었던 건 통대 입시 반에 들어갔는데 지금 봐도 어려운 대만의 '아주주간' 사설을 번체자 그대로 공부했어요. 그리고 중국 CCTV(China Central Television) 방송 받아쓰기 수업이 있었어요. 받아쓰기하는 건 정말 큰 도움이 돼요. 왜냐하면 집중해서 들어야 하니까요. 통역사는 사실 연사의 목소리만 듣고 아웃풋을 해야 하는데 받아쓰기와 같은 듣기이해 훈련이 꼭 필요하지요. 지금 생각해보면 통대 입시반 수업이 힘들기는 해도 버티다 보면 공부 체력이 생기는 것 같아요. 물론 자신의 수준에 맞게 기초부터 차근차근 실력을 쌓고 싶을 수도 있지만 통번역대학원 입시 수업을 들으면서 스스로 부족한 부분을 파악하고 계속 채워 나가니까 힘들어도 공부 자체는 재미있었어요.

Q 통번역대학원 입학 후 2년 간의 통번역대학원 생활을 5글자로 표현한다면요?

'고난의 행군'이었어요. 일단 자기와의 싸움이고 남과의 비교가 계속되고 숙제와의 싸움이고 체력과의 싸움이고 불안한 미래와의 싸움이었어요.

가장 힘들었던 건 불안한 미래였어요. 졸업을 할 수 있을 것인지, 이렇게 공부허도 되는지. 가끔 통번역대학원 재학생들을 만나면 미래에 대해서 굉장히 불안허하는데 저도 그 당시에 미래에 대한 불안감이 컸어요. 제가 프리랜서를 할 수 있을 거라고는 상상도 못 했죠. 취직이 될 것인가, 경제적으로 자립을 할 수 있을까, 계속 브모님께 의지만 하고 살았으니까요. 도대체 언제 경제적으로 자립을 할 수 있을지가 가장 걱정이었죠. 부모님께서는 크게 눈치 주지 않으셨지만 스무살 중반으로 넘어가다 보니 스스로 벌어서 빨리 자립하고 싶었어요. 근데 지금 와서 생각해보면 불안할 들요가 없는 거였어요. 현재에 집중해서 오늘의 공부를 열심히 하면 돼요. 졸업과 취업 등을 미리 걱정하는 건 의미도 없고 도움도 안 돼요. 그 시간에 오늘의 공부를 하는 게 좋아요. 결국 취업은 되더라고요. 미래의 고민을 미리 할 필요가 없더라고요.

Q 통번역대학원 다니실 때 가장 좋았던 순간이 있나요?

좋았었던 순간? 저는 통번역대학원 2학년 때 지금의 남편을 만났어요. 그때 남편기 큰 힘이 되었죠. 같이 있어 주는 것만으로도 큰 힘이 되었어요. 스터디를 같이 하면서 정이 들었고 1학년에서 2학년 올라가는 겨울방학 때 사귀기 시작했어요. 학원 다닐 때도 알았던 사람이라 어느 순간 갑자기 남자로 보였던 건 아니고 점점 감정과 신뢰가 생기고 정이 들었던 것 같아요. 좋은 사람이 있었기 때문에 고난의 행군을 버텨낼 수 있었어요.

Q 대학원 동기들과 마찰이 있었던 적은 있으신가요?

졸업 시험 전에 동기 두 명이 크게 싸워서 학교 전체가 놀란 일이 있었어요. 동기들이 싸우는 걸 보면서 우리가 진짜 극단의 스트레스를 받고 있다는 걸 느꼈죠. 굉장히 예민해지는 거죠. 10명도 안 되는 사람끼리도 이런 일이 생기는데 이보다 더 많은 인원이 있다면 일이 많이 생길 수밖에 없죠. 지금 와서 생각해보면 그렇게까지 할 필요는 없었던 것 같은데 '그때는 왜 그랬지?'라고 생각해요. 나중에는 왜 싸웠는지 기억도 안 나요. 하지만 시간이 지나도 그 당시의 갈등은 상처로 남아서 화해하기는 어려운 듯해요. 통번역사의 공부와 일은 늘 스트레스가 따라다니고 스트레스를 완전히 해소할 수 없다고 생각해요. 어떤 때는 그 스트레스가 커지기도 작아지기도 하는데 폭발하지 않도록 스트레스는 항상 관리의 대상이어야 해요. 대학원도 사회생활이니 나의 스트레스가 다른 사람에게 투사되지 않도록 잘 관리해야 해요. 그러니까 통번역대학원 생활은 고난의 행군이지요.

Q 통번역대학원은 2학년 마지막 학기에 졸업시험이 있는데요. 졸업시험에 대한 두려움, 스트레스는 없으셨나요?

매일 스터디를 했어요. 매일 아침 일찍 학교에 가서 저녁 11시에 학교에서 나왔어요. 거의 학교에서 살았어요. 2년 동안 다람쥐 쳇바퀴 돌리듯 공부했어요. 오래 앉아있으니까 체력적으로 힘들고 스트레스가 많아져서 통대 다닐 때 처음 요가를 시작했어요. 졸업시험까지 잘 버티려면 체력이 중요해요. 체력 관리는 프리랜서 통번역사로 일하면서 가장

중요한 것 같아요. 요즘에는 더 많이 느껴요. 나이가 들다 보니까.(웃음)

Q 통번역대학원을 힘들게 졸업한 후에 어떤 감정이 드셨나요?

입시 2년, 통번역대학원 2년 동안 계절의 변화를 못 느꼈어요. 졸업 후에 수원에서 직장을 다니게 되었는데, 수원은 벚꽃이 유명하거든요. 너무 예쁜 거예요. 눈물이 나더라고요. 내가 이렇게 아름다운 봄도 느끼지 못하고 4년의 청춘이 흘러가 버렸구나. 진짜로 그랬어요. 물론 학교 다닐 때 벚꽃도 보고 했지만 마음의 여유가 없다 보니 전혀 눈에 들어오지 않았던 거죠.

Q 대학원을 졸업하기 전에 어떤 특정 분야에서 일해야겠다는 뚜렷한 목표가 있으셨나요?

아니요. 요즘 친구들을 보면 굉장히 부러운 게 자신만의 개성이 뚜렷하고 스스로 뭔가를 ㅎ-고 싶다는 주관이 분명한데 저는 그 당시에 꼭 졸업해서 하루빨리, 어디가 되든지 취업을 하자는 ㅁ-음만 있었어요.

Q 대학원 졸업 후 통번역사로서 처음으로 들어간 직장은 어떠셨나요?

통번역 외에도 많은 것을 해야 했어요.

통번역만 생각하던 우물 안의 초보 통번역사가 직장을 통해 시야가 넓어지는 느낌이었어요. 중국이라는 이웃을 어떻게 바라봐야 하는지 계속 고민하게 되었고 CCTV 뉴스로만 중국을 보다가 직장에 들어가 구체적인 사업을 통해 중국을 만나고 느끼게 된 거죠. 그리고 직장 내 다른 통번역사들과 시니어들을 보면서 통번역사의 애티튜드(attitude)도 배웠어요. 경력이 많은 사람들이 어떻게 사람들을 대하는지, 매너뿐 아니라 통번역사의 존재감을 어떻게 드러내고 인정받는지를요.

Q 안정적인 직장을 내려놓고 '프리랜서' 통번역사로 직업을 전향하신 계기가 있으신가요?

그 당시 결혼을 하게 되면서 강북으로 이사를 갔어요. 그래서 출퇴근이 더 힘들어졌죠. 그리고 3년 정도 근무하면 직장생활이 지루해져요. 새로운 일을 해보고 싶기도 하고요. 그 당시 제가 프리랜서로 직업을 전향해도 굶어 죽지 않겠다는 믿는 구석이 하나 있었어요. 근무하던 경기도에서 지금 하고 있는 중국 사업을 모두 저에게 맡기시겠다고 하셨거든요. 어느 정도 비빌 구석이 있었죠.

Q 직장이라는 울타리에서 벗어나 프리랜서 통번역사로서 처음 일을 받으셨을 때 어떠셨나요?

정말 감사했죠. 되게 신나게 일했어요. 그때는 원없이 통번역을 했었으니까요. 일하면서 느낀 건 사람 일은 어떻게 될지 모르니까 항상 인연을 소중히 해야 한다는 것, 그 인연이 끊기지 않도록 하려면 최선을 다하고 무조건 잘 해내야 한다는 것을요. 일을 주시는 것에 진심으로 감사하고 최선을 다하면 나만의 이미지가 만들어지고 통번역 일이 생기면 자연스럽게 저를 떠올리시고 찾아주셨으니까요.

Q 프리랜서 통번역사는 인맥 관리가 굉장히 중요해서 인맥 없는 사람들은 살아남기 힘든 시장이라고 하더라고요. 인맥 관리가 꼭 필요한 걸까요?

작위적으로 인맥 관리를 하는 사람들은 눈에 보여요. 그렇게 인맥 관리를 하려고 하면 사실 거부감이 들잖아요. 제 생각에는 사람들은 일 속에서 그 사람이 어떤 사람인지를 지켜보는 것 같아요. 물론 통번역사는 실력으로 화답해야 하는 게 당연하지만 어떤 일을 함에 있어서 얼마나 진심을 다해서 자기 일처럼 하는지도 보는 것 같아요. 이런 얘기를 들은 적이 있어요. 한 고객이 모 언어 통역사랑 중국어 통역사를 같은 사업에 고용했는데 모 언어 통역사는 다가가기도 힘들고 너무 불편했다고 하시더라고요. 그 이유가 모 언어 통역사는 "50분 통역이 끝나고 쉬는 시간 10분 동안에는 절대 일할 수 없으니 말 걸지 마세요"라고 칼같이 자르고 두문불출했다는 거예요. 그게 잘못되었다는 건 아니에요. 당연히 통역사도 쉬어야지요. 하지만 현장에 나가 보면 쉬는 시간이라고 해도 통역이 필요한 순간들이 있어요. 이때 실무자를 도와주면 통역사는 같이 일하는 동료가 될 수 있어요. 그리고 "나는 통역사니까 통번역만 할게요"가 아니라 실무자를 도울 수 있을 때 적극적으로 행동하는 게 좋아요. 참모 역할을 해주는 거죠.

통번역은 결국 사람을 상대하는 거라서 일단 맡은 일은 자기 일처럼 즐겁게 하는 태도가 중요하다고 생각해요.

Q 프리랜서 통번역사의 삶을 5글자로 표현한다면?

'드림컴트루', 제가 징징대거나 힘들다고 투정 부리면 남편이 항상 이야기해주는 게 있어요. "우리 인경은 꿈을 이룬 사람이잖아. 하고 싶은 일, 재미있는 일을 하면서 생활을 영위하고 있으니까 그것만으로도 얼마나 행복해."

본질적으로 돌아가서 재미있는 일, 하고 싶은 일을 하면서 살아가고 있는 사람들이 세상에 얼마나 될까라고 생각해보면 저는 꿈을 이룬 사람인 거죠. 운이 좋았고요.

Q 프리랜서 통번역사로 활동하시면서 가장 기억에 남는 통역이 있으신가요?

2016년에 국가폭력에 관련된 회의를 했었어요. 중국 정부가 벌인 폭력으로 고통을 겪은 피해자들의 여러 증언을 들으면서 너무 마음이 아팠어요. 국적을 초월해서 인간적으로 느끼는 감정인 거죠.

그래서 그 회의를 시작으로 중국 여성 인권 변호사들과 연대할 수 있는 활동에 참여하게 되었어요.

사람들은 통번역사면 통번역이나 잘하라고 하죠. 또 어떤 사람은 '통번역사가 왜 정치적인 견해를 가져? 통번역사는 중간에서 전달 역할만 하면 된다'고 말하기도 해요. 그런 생각이 틀렸다거나 반대하지는 않아요. 당연히 통번역사가 일을 할 때는 자신의 주관을 개입하면 안되고요. 하지만 소신 있게 비주류의 길로 가시는 변호사분들과 활동가분들을 보면서 배웠어요. 법조인이나 사회활동가분들이 저마다 추구하는 방향성이 있고 대변하고자 하는 가치가 있는 것처럼 이제 통번역사도 자기만의 길은 있어야 한다는 생각을 해요. 먹고 살기 위해 전문분야를 공부하고 자신만의 특장으로 만드는 것도 중요하지만 내가 살고 있는 사회 속에서 통번역사로 어떤 역할을 할 것인가에 대해 고민해봐야 할 때라고 생각해요. 저는 통번역사로 내 주관을 가지고 나의 삶을 꾸려나가고 싶어요. 에이전시나 학교 센터에서 선택되어 통번역 일을 하는 것이 아니라 내 생각대로 내 인생을 살아가고 싶다는 생각이 강하게 듭니다. 그래서 꼭 돈이 되는 통번역이 아니라 의미 있는 통역을 더 찾고 싶어졌어요. 인권 변호사들과 활동하고 있는 것도 내 생각대로 통번역 일을 하고 싶기 때문이고 저는 이 방향을 따라 나아가고 있어요. 아무리 돈을 많이 주는 통역이 들어온다고 해도 둘 중 하나를 선택하라고 한다면 저는 인권 활동을 할 거예요.

Q 프리랜서 통번역사로 활동하시면서 답답하거나 속상했던 순간이 있으셨나요?

통번역사에게 회의 통역 자료를 충분히 공유하지 않고 모든 게 통역사 탓인 것처럼 돌릴 때가 있었어요.

그런 경우가 한두 번 있었는데 너무 억울했지요. 만약 그 회의가 그렇게 중요했다면 성공적으로 개최하기 위해서 사전에 통역사에게 자료를 공유했어야 해요. 자료를 공유해서 통역사가 충분히 이해해야 원활하게 소통이 되는 건데 이런 프로세스를 무시하고 일방적으로 통역사의 탓을 한 적이 있었어요. 담당자에게 이런 프로세스를 누차 강조하고 사전 자료의 중요성을 얘기했지만 받아들여지지 않았는데 회의가 끝난 뒤, 그 담당자가 자신의 업무 미스를 통역사 탓으로 돌리는 말을 들었을 때 너무나 속상했고 화가 났습니다.

Q 보통 어떤 식으로 통번역사에게 화풀이를 하나요?

보통 통역사들은 회의 담당자에게 계속 자료를 요청하잖아요. 통역사는 자료를 받지 못하면 불안해서 새벽에 잠도 못 자고 자료를 계속 기다리는데 제가 만난 담당자는 연사가 자료를 미리 보냈는데도 불구하고 통역사에게 전달하지 않았습니다. 회의 당일에 연사에게 확인하니 연사 본인은 "이미 자료를 보냈는데 무슨 소리냐"라고 하더군요. 한데 담당자는 오히려 연사에게 통역사가 어떡해서든 완벽하게 통역해야 한다며, 본인이 통역사에게 자료를 제대로 전달하지 않았다는 잘못은 빼고 통역사 실력이 부족하다고 말을 하는 거예요. 그 담당자가 "아, 그러네요. 통역사가 프로가 아니네요"라고 하는 말을 듣고 너무나 화가 났지만 현장에서 회의는 계속 진행돼야 하니 일단 감정을 다스리고 연사에게 자료를 받아 일정을 마무리했습니다. 회의가 엉망이 된 건 아니었어요.

통역사는 항상 회의가 잘 진행되고 마무리 되도록 엄청나게 애쓰니까요. 담당자가 함부로 내뱉은 그 말을 들었을 따는 모욕감도 느꼈습니다. 통번역에 대해 잘 모르는 무지함으로 인해 빚어진 예의 없는 상황들이 아직도 일어나고 있어요.

Q 프리랜서 통번역사로 활동하시면서 가장 기억에 남는, 베스트 클라이언트가 있으셨나요?

10년 정도 같이 일을 하고 있는 클라이언트들은 저를 믿고 일을 맡겨 주시는 분들이고 인간적인 신뢰를 해주시는 분들이라 기억에 남고 항상 감사해요. 팀장이나 팀원이 바뀔 때도 인사변경을 알려주시면서 "이 사업에서 가장 오래 일한 사람이 김인경 통역사다"라고 하시며 인정해주실 때도요. 그분들은 제가 햇병아리 시절부터 함께 일을 해오신 분들인데 제 의견도 잘 반영해주시고 하나의 팀이라고 생각해주세요.

사실 프리랜서 통번역사는 프로젝트가 끝나고 나면 이방인일 경우가 많거든요. 근데 여전히 자기 사람이라고 불러 주시고 또 의기투합할 때 불러주시면 보람이 있죠.

Q 한 직업을 오랫동안 하다보면 직업병이 생기기도 하잖아요. 교수님께서는 통번역사로서 특별한 직업병이 있으신가요?

사람을 관찰하고 또 그 사람이 어떤 말을 했는지 복기하는 습관이 생겼어요. 그 사람의 말을 요약하듯이 복기하고 정리하는 거죠. 또 편안하게 강의를 듣지 못하고 노트 테이킹을 하기도 해요. 제가 박사과정에 들어갔을 때 모든 수업에서 노트 테이킹을 하면서 키워드를 찾고 요약하고 있는 거예요. 그때 제가 피곤하게 살고 있다는 것을 느꼈어요. 편안하게 좀 들어도 될 텐데 말이죠.(웃음)

Q 통번역사와 언어를 잘 하는 사람, 차별화가 가능한가요?

언어를 좀 할 줄 알면 바로 통번역이 가능한지에 대해서 당사자들에게 묻고 싶어요. 근데 본인들은 알 거예요. 외국어를 할 줄 알아도 통번역은 다른 분야라는 걸 분명히 알고 있어요. 실제로 통역하라고 하면 잘 안 되거든요.

통번역은 분명 훈련을 통해서 역량을 키워야 하는 분야라는 걸 알려주고 싶어요.

**Q 방금 '역량'을 키워야 한다고 하셨는데
   어떤 역량을 말씀하시는 건가요?**

단순한 단어 치환 정도의 통번역은 이제 기계가 대체할 거고 그럼에도 불구하고 사람이 살아 있는 한 통번역 시장은 존재해요. 예민하고 민감한 전문 분야는 통번역사가 계속 필요한데 과연 이렇게 중요한 분야를 외국어만 할 줄 아는 사람에게 맡길까요? 의학이나 법률처럼 민감한 통역은 여러 가지를 고려해야 하는데 통번역 훈련을 받지 않고 단순히 외국어만 좀 할 줄 아는 사람에게 일을 맡길 수 있을지 반문하고 싶네요.

저는 통번역사의 실력을 단순히 외국어 실력으로만 평가할 수 없다고 생각해요. 통번역 현장에서는 순발력, 담력, 무대 매너, 준비성, 이해력 등이 필요한데 통번역사의 다양한 능력을 객관적으로 분석하고 키우는 곳이 통번역대학원이지요.

**Q '전문 통번역사'를 사칭하시는 분들이 있다고 들었습니다.
   이 문제에 대해서 어떻게 생각하시나요?**

통역사를 사칭하는 사람들을 보면 저도 예전에는 화가 났어요. 근데 생각해보면 화낼 일이 아닌 게 그런 사람들과 저와는 경쟁 분야가 달라요. 왜냐하면 그 사람들이 할 수 있는 건 일반적인 분야의 통역이지만 저는 그것보다 더 많은 분야의 통역을 할 수 있으니까요. 전문 통번역사는 훈련을 통해서 역량을 갖췄기 때문에 그 사람과 저는 경쟁 라운드가 다르니 흥분할 필요가 없는 거죠.

그 사람이 할 수 있는 건 딱 거기까지인 거예요. 더 구체적으로 생각한다면 '통역사 인증제' 도입도 고려할 수 있지만 통번역 업계 특성상 진입장벽이 낮기 때문에 인증제를 도입한다면 사회적으로 '통번역대학원 이기주의'로 비춰질 수 있어서 조심스럽지요.

Q 통번역사들의 가장 큰 문제가 무엇이라고 생각하시나요?

통번역사들의 가장 큰 문제는 '개인주의'가 강하다는 거예요. 우리가 어떤 사회의 이슈를 볼 때 '나'를 기준으로만 두고 보기 때문에 사회 전체를 보지 못하는 경우가 많아요. 그래서 통역사 간에 누가 일을 더 많이 했네 안 했네 이런 단순한 비교를 떠나서 좀 더 가치 있는 일에 시간을 써야 한다고 생각해요. 통번역사들이 협동해서 나아갈 수 있는 방법을 고민해 봤으면 좋겠어요.

우리 사회에서 다른 업종의 프리랜서, 개인 사업자들도 많잖아요. 하지만 개인이 구조적인 문제를 해결할 수 있는 힘은 굉장히 약해요. 에이전시의 횡포, 통역비를 오랫동안 체납하거나 수수료를 자기 마음대로 떼어가는 그런 문제들은 사실 수십 년간 지속되어 왔어요. 근데 계속 개인이 문제를 껴안고 가거나 몇몇 동료와 공유하고 괴로워하고 마는데 이제는 모여서 단합했으면 좋겠어요. 만약 통번역사들끼리 이기적으로 행동한다면 결국 출혈경쟁만 있을 뿐이에요. 통역사들끼리 이런 문제에 대해서 공유만 해도 큰 도움이 될 거라고 생각해요. 통번역 시장에 대한 불합리한 구조, 요율 문제, 통역환경 등 개인만 피해를 보는 게 아니라 연대한다면 우리 안의 문제도 개선되고 업계 전체가 성숙해지겠죠.

Q 통번역사를 둘러싼 환상과 현실 사이,
   가장 큰 괴리는 무엇인가요?

우선 시장에서 제시하는 가격과 통번역사가 실제로 받아야 하는 가격의 차이가 크죠. 80만 원, 90만 원 받아야 하는 통역인데 30만 원만 받아도 된다는 통역사가 있어요. 하지만 이런 상황이 계속되면 결국 제 살 깎이 경쟁이 되어 더 일을 오래 할 수 없어요. 계속 낮은 값을 받고 일할 생각이 아니라면요. 신규 통번역사들은 여기까지 맞춰서 할 수 있겠다는 자신만의 마지노선을 찾아야 해요.

또 TV에서 어떤 분이 통번역사가 되면 다 UN을 가는 줄 알았다고 하시더라고요. 근데 언어를 불문하고 일선에서 열심히 활동하고 계시는 분들이 많은데 통번역사는 모두 외교부나 청와대에 가야 한다고 생각하시는 것 같아요. 꼭 외교부, UN, 청와대에 가지 않아도 통번역사는 각각의 일선에서 최선을 다해서 본인이 맡은 일을 잘하고 있어요.

통번역사의 역량을 다양한 시선으로 봤으면 좋겠어요. 통번역학을 공부한 사람들은 다른 업무들도 다 잘해요. 본인의 능력을 잘 찾아내더라고요. 수학 능력이 뒤어난 사람들이라서 맡은 업무를 반드시 해내더라고요. 통번역사들의 특징이라고 생각해요. 그리고 통번역사라고 해서 꼭 대단한 역사적 사명감을 가질 필요는 없어요. 그렇게 살지 않아도 돼요. 그냥 일상에서 내가 하는 통번역 업무를 소소히 잘 소화하는 것만으로도 그 자체만으로도 이미 충분하고 훌륭하지요. 우리 주변에 스타 통역사가 너무 많은데 화려한 모습만 보지 않았으면 해요. 스타 통역사를 보며 자극을 받고 실력을 키우는 동력으로 생각하길 바라요.

꼭 '스타'가 되지 않아도 모두 각자의 삶은 중요하니까요. 몇몇 사람들의 과장된 경험담을 통해서 통역사가 매우 특별한 직업으로 만들어지지만 일선에서 묵묵하게 최선을 다 하는 전문 통역사들이 많다는 것을 알았으면 해요.

**Q 통번역대학원 통번역센터마다 정해진 통번역 요율이 있는데요.
실제 통번역 시장에서 통번역사의 요율은 어떻게 결정되나요?**

요율을 결정하는 건 결국 경력이겠죠? 통번역을 몇 회 했는지, 관련 분야의 경험이 있는지를 보겠죠. 하지만 학교 통번역센터에서 정해준 통역 요율이 있기 때문에 그 기준으로 맞춰 나가야 해요. 물론 주최 측에서 적은 예산 때문에 통역 요율을 조정할 수 있는지를 물어보기는 해요. 그럴 경우 만약 이 일이 단발성이 아니라 장기적인 파트너 관계를 유지할 수 있는 일이라면 협의도 가능하죠. 그래도 자신의 마지노선은 꼭 필요해요.

**Q 경력이 부족한 신입 통번역사는
정확히 어느 정도의 요율을 받아야 하나요?**

개인마다 결정하기 나름이긴 한데 그래도 통번역대학원을 나왔으면 제 생각에는 6시간을 기준으로 해서 순차통역이든 동시통역이든 최소한 60만 원은 받아야 해요.

그 이하로 받으면서 일을 하면 스스로가 굉장히 괴롭고 힘들어질 거예요. 만약 계속 30만 원만 받고 일하면 통역요율을 올리기도 어렵고 계속 30만 원 밖에 못 받는다는 걸 알아야 해요.

Q 신입 통번역사는 어떻게 경력을 쌓고 준비를 해나가야 할까요?

저 같은 경우에는 통역은 요율을 맞춰서 했고 번역은 다 했던 것 같아요. 근데 어렸을 때는 괜찮은데 시간이 흘러 나이가 들면 저렴한 값의 일은 못 하게 돼요. 우선 체력이 달리니까요. 그런데 경제적으로 정말 힘든 사람에게, 경제적인 뒷받침이 없는 사람에게 저렴한 번역은 하지 말라고 할 수는 없죠. 그렇기 때문에 사회적으로 통번역 일의 전문성을 재고해야 하고 통역이든 번역이든 요율 개선이 되어야 한다고 생각해요. 현재 업계에서 번역가를 다루는 방식이나 대우는 개선이 필요해요. 그런 점에서 업지가 밝지는 않아요.

이 직업은 긍정적인 면도 많지만 스스로 이 일을 왜 하고 싶은지 확신이 없다면 권하지 않아요. 내가 진짜 좋아하는 일인지 생각해보길 바라요. 너무 힘들어도, 생각한 만큼 잘 풀리지 않아도 내가 이 일을 하면 정말 행복하겠다는 확신이 있는 분이면 좋을 듯해요. 통번역은 마치 '속 썩이는 남자친구' 같아요. 진짜 좋아하고 같이 있으면 행복한데 엄청 속 썩이는 녀석이지요. 저는 통역이 딱 그런 느낌이에요. 즉, 애증. 양가의 감정이 다 있어요. 업계에는 저처럼 양가의 감정을 가진 통역사가 많아요. 통역이 만만치 않으니까요.

막 졸업한 친구들은 인하우스로 들어가 경력을 쌓는 게 좋을 듯해요. 시장도 좁아졌고 또 그 안에서 경력 콘트롤이 힘들어서이기도 하고요. 요새는 프리를 잘 안 하는 추세이기도 하지만 프리를 하더라도 인하우스를 거치고 하는 것을 추천해요. 졸업 후 바로 인하우스를 추천하는 이유는 졸업하고 바로 프리를 뛰면 취업할 때 경력으로 인정받기 힘들거든요. 회사입장에서 보면 일주일 5일, 9시에서 6시까지 일을 해야 경력이라고 보는 거지요. 그에 반해 프리랜서는 대부분 근무시간이 일정치 않다고 보고 프리랜서 경력을 모두 인정해주지 않아요. 분명한 건 이 길이 진짜 녹록지 않은 길이니 운동화 끈을 단단히 조여 매시길 바라요.

Q 통번역사에게 필요한 자질은 무엇일까요?

지적 호기심과 이해력이 제일 중요한 것 같아요. 통번역사는 세상 모든 일이 통역대상이 될 수 있고 번역대상이 될 수 있기 때문에 열린 마음으로 호기심을 가지지 않으면 일을 할 수가 없죠. 그리고 호기심과 열린 마음을 갖추기 위해 뒷받침되는 건 체력인 것 같아요. 미생이라는 드라마에서 사부가 남자 주인공에게 체력이 뒷받침 되지 않으면 네가 앉아있으면 눕고 싶고 누워있으면 자고 싶어지니 체력을 반드시 길러야 한다는 말을 했는데 그 말에 정말 공감했어요. 체력이 없으면 세상에 대한 관심도 떨어져요.

Q 통번역사에 대한 사회적인 인식은 어떻다고 생각하시나요?

우선 통번역으로 밥 먹고 사는 직업군에 대해 잘 모르지 않나요? 우리나라에서는 특히 통번역의 전문성을 인정하지 않으려는 사람들이 많아요. 학계에서는 연구실적으로 번역물이 인정되지도 않고요. 사람들이 영어나 중국어를 너무 잘해서 통역을 번거롭고 부차적인 것으로 생각할 때가 있는데 이 점이 일하면서 가끔 기운 빠지게 하는데요. 심지어 제가 앞에 있는데도 "요즘 애들은 영어나 중국어 다 잘해서 이제 통역사는 없어질 거야"라는 말을 웃으면서 할 때 상처받지요. 어차피 통번역은 다 없어질 것이라는 주장을 놓고 생각해보면 비즈니스에서 통역사라는 역할은 아직까지 중요한 부분이고 특히나 사람과 사람 간의 네트워킹 신뢰구축에서 반드시 필요한데 통역에 대해 그리고 통역사에 대해 무지한 사람들의 말을 들으면 사실 상처가 켜켜이 쌓이기도 해요.

알파고 이후로 그런 말들이 더 많아졌는데 무지함에서 나오는 무례함 때문에 마음이 아프지요. 이 직업을 가지려고 노력하고 공부한 사람들에게 정말 무례한 말이고요. 하지만 어떤 직업이든 비하하는 사람들은 있게 마련이니 자부심은 가져야 해요. 모르는 사람이 악의 없이 던진 말에 직업에 대한 자존심을 다칠 필요는 없다고 생각해요. 내가 확신이 있어야 상대방을 설득시킬 수 있고 감정적으로 욱하지 않고 논리적으로 대응할 수 있으니까요.

우리나라는 통번역 전문성에 무지한 상황이고 아직까지는 통번역사가 무슨 일을 하는지 그리고 언어 능력 이외에 갖춘 역량에 대해서 잘 모르시는 분들이 많기 때문에 우리가 계속 알려야 해요. 우리나라는 그래도 서울에 통번역대학원이 3개나 있고 다른 나라에 비해서 교육 시스템이 상당히 잘 갖춰져 있지요. 이렇게 전문적으로 공부하는 사람들이 있다는 것도 알아줬으면 좋겠어요.

Q 통번역 시장에서 오랫동안 살아남을 수 있는 방법이 있나요?

본인만의 전문성을 가져야 해요. 그러니까 법률이면 법률, 의료면 의료, 패션이든 디자인이든 본인의 특화된 전문성을 만들어야 해요. 그래야 더 오래 일할 수 있게 되고 오래 살아남을 수 있어요.

Q '통대부심(통번역대학원 자부심)'이라는 단어가 있더라고요. 통역,번역 이외의 '과외'로 경제적인 활동을 하는 것에 대한 비판적인 시선도 있는데요. 이에 대해서 어떻게 생각하세요?

저도 놀랐던 게 통번역대학원 나오면 스스로가 대단한 사람이 되었다고 생각해요. 우리가 치열하게 공부해서 통대를 졸업했다는 자부심은 가질 수 있지만 과외를 한다고 해서 자존심에 상처가 되는 건 아니라고 생각해요. 좀 더 실용적으로 생각하면 좋겠어요. 예를 들면 예전에는 변호사를 공무원으로 뽑을 때 주로 5급 직위로 뽑았거든요. 근데 지금은 7급으로 떨어졌어요. 그만큼 변호사 공급이 많아진 거예요. 물론 경력에 따라서 5급 대우를 해주는 경우가 있기는 하지만 변호사는 이제 7급 대우를 받는 시대가 되었어요. 통번역사도 공급이 많아졌어요.

처음에는 자리 잡기 위해 과외도 해야 한다고 생각해요. 저보다 더 큰 선배님들도 비수기에는 노느니 과외도 하셨다고 하는데 막 졸업한 사람이 뭘 안다고 과외를 안 해요? 초급 중국어 가르치는 거 의외로 어려워요. 그리고 가르치면서 굉장히 많이 배울 수 있어요. 안 하는 사람들은 금전적으로 여유가 있어서 그래요. 배가 덜 고파서 그렇죠 뭐. 그리고 한·일 간에 관계가 너무 안 좋아져서 회의가 하나도 안 열렸을 때가 있었어요. 중국은 대놓고 한·중·일 회의는 열지 않겠다고 할 정도였으니까요. 그때 일본어 통역사들 다 과외도 하고 강의도 하고 그러셨어요. 아무것도 하지 않으면서 남을 비난하거나 비아냥거릴 자격 없어요. 그리고 과외 하면서 본인도 되게 많이 배우는데. 통역하다가 생각이 안 나는 단어도 그때 가르친 기억 때문에 바로 생각날 때가 있어요.

권위 좀 내려놔요. 우리가 몇 년을 힘들게 공부하듯 다른 대학원생들도 이렇게 혹은 이보다 더 힘들게 공부하고 있어요.

Q 인권 활동가로서 '여성 인권'은 무엇인가요?

여성 인권이라고 하면 보통 남성과 여성의 대결 구도로 보는 경우가 많아요. '그럼 남성 인권은 없나?'라고 생각하시거나 혹은 '남성들이 더 큰 손해를 보고 있다'고 생각하니까요. 그리고 페미니스트는 드센 여자라고 생각하기도 해요. 저도 예전에 그런 선입견이 있었어요. 근데 여성 인권은 여성의 인권이라기보다는 그냥 인권 그 자체로만 봤으면 좋겠어요. 페미니스트가 굉장히 기가 센 여자들이라고 생각했는데 이 사회가 너무나 불합리하고 기울어진 운동장이다 보니 철저하게 논리로 포장해서 말하지 않으면 아무도 들어주지 않아요. 그렇기 때문에 주장이 강한 것처럼 보여지는 거예요. 이 사람들이 왜 나서서 이런 이야기를 할까를 생각해보면 단순히 피해 당한 사람들의 마음에 공감하는 것뿐만 아니라 연대를 통해서 불합리함을 변화시키려고 하는 거예요. 이제는 생각만 해서는 안 되고 이야기하고 움직여야 하는 때라고 생각하는 거죠. 그래서 저도 생각만 하고 지지만 할 게 아니라 이런 훌륭한 분들을 따라가야겠다고 생각하게 되었죠.

여자는 한국 사회에서 살다 보면 어느 순간 페미니스트가 되는 순간이 오는 것 같아요. 될 수밖에 없는 환경이에요. 누구나 한 번쯤은 그런 상황을 마주하게 돼요. 살다 보면 언젠가는 겪을 텐데 생각만 하지 말고 움직여야 해요. 지구 전체가 가부장적인 시스템 속에 살고 있기 때문에 여성들이 인식을 못 하는 거예요. 남자들에게도 페미니즘 교육이 필요해요. 남성이 여성을 학대하는 건 동등한 인간으로 보지 않기 때문이거든요. 페미니즘이 교육의 전환점이 될 거예요.

Q 통번역 시장에서도 성차별이 존재하나요?

사실 통번역사는 성차별이 없는 직군이에요. 물론 생물학적으로 남성이 필요한 분야가 있지만 통번역 일을 할 때 다른 직업에 비해서 성차별을 크게 느끼지는 않아요. 간혹 오찬, 만찬통역 때 "통역사는 여자가 해야지"라고 하시는 분들이 있어요. 또 통번역사의 직업을 낮춰보는 사람이 많아서 고민이라는 말에 대해 그건 통역사로서가 아니라 여자가 하는 서비스업이라서 더 낮춰보는 건 아닌가라는 생각도 들어요.

하지만 요즘에는 함부로 대하지 못하는 사회적 분위기가 있죠. 다행히 우리 직군은 상대적으로 행복한 업이지만 다른 직군들을 보면 여성이 부당한 대우를 많이 받아요.

Q 교수님의 삶 속에서 '통번역사' 그리고 '통번역'은
어떤 역할을 했나요?

아무것도 모르는 강원도 소녀가 통번역을 통해서 세상을 알게 되고 인권도 고민하게 되고 활동가로 나아가고 협동조합이라는 것도 하게 되었죠. 함께 살아가는 것에 대해 고민하고 어떻게 어울려서 살아가야 하는지를 생각하게 되니까 통번역을 통해서 많이 성장했어요.

통번역을 통해 세상을 공부하고 실천가로 나아가려고 해요.

Q 교수님에게 있어서 중국어는 어떤 의미인가요?

중국어를 통해서 중국을 만났고 세상을 바라보는 창구가 되었죠. 그리고 근본적으로 삶을 어떻게 살아가야 하는지까지 고민하게 되었으니까… 지금까지 나를 이끌어 준 언어 이상의 존재이지요. 많은 사람들이 '친중, 친미, 친일' 등의 표현을 많이 쓰는 데요. 근데 그렇게 말로 편을 가르거나 관계를 고정하지 않고 그냥 이웃 나라니까 같이 살아가야 한다는 것을 더 많이 알았으면 좋겠어요. 어떻게 더불어 살아가야 할 것인가를 궁극적으로 고민하게 된 계기가 된 것이 중국어인 것이죠.

Q 통번역대학원 진학을 준비하는 사람들, 재학생에게 해주고 싶은 조언이 있나요?

본질로 돌아가서 통번역을 정말로 하고 싶은지를 묻고 싶어요. 왜냐하면 강도가 되게 센 업무잖아요. 매일 평가받는 직업이다 보니 고도의 긴장된 상황에서 일해야 하는데 그만큼 정신력이 강해야 한다고 생각해요. 그냥 단순하게 통번역사를 부러워해서는 안 되고 내가 이 일을 진정으로 좋아하는가를 봐야 해요. 그래야만 힘든 공부도 할 수 있고 엄청난 자료도 더 볼 수 있는 동력이 생기고 욕심이 생겨요. 내가 이 일을 정말로 좋아하면 과외나 아르바이트를 하면서 하루하루 버티면서 계속 나아갈 수 있거든요.

단순한 동경이 아니라 이만큼의 공부량을 다 이겨낼 수 있는지 자기 스스로 판단하고 돌아봤으면 좋겠어요.

물론 스타 통번역사가 올린 SNS 게시물을 보면 마냥 부러울 수는 있어요. 하지만 그분들은 보이기에 화려해 보일지 몰라도 굉장히 치열하고 독하게 버티고 공부하시는 분들이란 말이죠. 그 고통이 얼마나 큰지 상상도 못 할 거예요. 아니, 고통을 들여다 볼 것이 아니라 그 분들이 얼마나 이 일을 좋아하는 사람들인지를 봐야 해요. 열정만으로 되는 건 아닌 것 같아요. 정말 미쳐야 할 수 있는 일인 것 같아요.

Q 요즘 교수님의 가장 큰 고민은 무엇인가요?

큰 고민 있죠. 논문을 쓸 것인가, 쓰지 않을 것인가. 논문 주제에 대한 것? 광범위한 주제에 호기심을 가지다 보니까 어떤 한 주제를 깊게 파지 못하기도 해요. 그간의 포커싱은 되었으나 더 깊게 들어갈 만한 주제를 찾지 못했어요. 직업병이라고 하면 이것도 포함될 수 있겠네요. 세상만사에 관심을 두고 있는 것?(웃음)

Q 앞으로의 꿈이나 목표는 무엇인가요?

사실 통번역 일이 지칠 때도 있어요. 통번역 교육 자체가 통번역이 모든 것의 진리인 것처럼 또 한계 없이 계속 성장할 수 있다고 계속 스트레스를 주잖아요. 그래서 그런 삶이 힘들 때가 있어요.

사실은 지쳐요. 저는 통번역 일을 하고 있기는 하지만 즐기는 것 같지는 않아서 더 즐길 수 있는 사람이 되고 싶은데…

제가 일을 하면서 이런 분을 봤어요. 이분은 전문 통번역사는 아니지만 일에 대한 경계가 없고 통번역이 일상인 거예요. 저는 통번역에 대해서 너무 스트레스를 받고 무게를 갖고 반드시 잘 해내야 한다고 생각하면서 압박감을 가지고 살았어요. 근데 이분은 완전하게 그 일을 즐기고 있는 거예요. 그런 모습을 보면서 나는 아직 내 일을 즐기고 있지 못하는 하수구나. 스트레스를 통해 자극 받아서 일을 하고 있구나 라는 걸 느꼈어요. 궁극적으로 그분처럼 되고 싶은데 그렇게 되려면 일을 덜 하고 온전히 나에게 집중해야 한다고 생각해요. 그리고 그런 방향으로 나아가고 싶어요.

4월부터 삼림치료를 듣기 시작했어요. 숲에 가서 가만히 명상하는 건데 그런 과정을 통해서 나에게 좀 더 집중할 수 있는 삶을 배우는 것 같아요. 그리고 협동조합을 통해서 협동하면서 잘 살아갈 수 있는 방식, 대안이 될 수 있는 생활 방식을 고민하면서 살게 될 것 같아요. 저도 계속 이렇게 치열하게만 살 수는 없죠. 날씨 좋은 날은 통역 부스가 아니라 햇빛, 바람, 공기를 느끼면서 그렇게 살아가고 싶어요.

**Q 만약 여행을 떠날 시간이 주어진다면
어디서, 어떻게 시간을 보내고 싶으신가요?**

작은 여행을 계획하고 있어요. 중국 푸젠성(福建省)의 토루짓는 곳에 2주 동안 다녀올 거예요. 사람들이 중국에 대한 편견이 있어요. 공산당이 지배하는 사회주의 국가에 대한 도식적인 결론과 편견들이 있는데 반도에 살고 있는 우리처럼 중국에도 '전환'을 꿈꾸는 다양한 생활방식이 있다는 것을 사람들에게 알려주고 싶어요. 물론 그냥 쉬는 것도 좋아요. 근데 리조트에 가서 쉬는 게 이제는 재미가 없어요. 가서 맥주 마시는 것도 좋지만 그런 거로는 이제 다음이 허해요. 어떤 여행은 쓰레기만 만들고 오잖아요. 틀에 갇혀져 있는 것보다는 현지 사람들의 생활방식, 자연과 어떻게 친하게 지내고 있는지를 보고 싶어요. 그런 여행을 좋아해요.

Q 이 책을 읽을 독자들에게 한마디 해주세요.

통번역 일만 생각하지 않았으면 좋겠어요. 세상이 되게 재미있는 것 같은데 통번역사는 통번역에만 매달리는 것 같아서요. 통번역대학원에 다닐 때는 공부에 집중해야 하지만 그 이후에는 통번역 이외 혹은 통번역을 활용해 더 많은 기회를 찾아봤으면 좋겠어요. 통번역대학원을 졸업해서 통번역사가 되는 것만이 꼭 진리는 아니거든요. 더 재미있는 일을 했으면 좋겠어요. 통번역사가 되는 것이 유일한 진리가 아니라는 것을 꼭 알았으면 좋겠어요.

통번역사의 역량을 다양한 시선으로 봤으면 좋겠어요.

통번역학을 공부한 사람들은 다른 업무들도 다 잘해요.

본인의 능력을 잘 찾아내더라고요.

수학 능력이 뛰어난 사람들이라서

맡은 업무를 반드시 해내더라고요.

통번역사들의 특징이라고 생각해요.

통번역사를 둘러싼 환상과 현실과의 괴리에 대하여

정 다 혜

한영 국제회의 통역사

"실체가 단단해야 그 외의 것들이
아름다워 보이는 거라고 생각해요.
무엇이 중요한지
잘 생각했으면 좋겠어요."

Q 간단한 자기 소개 부탁드립니다.

인하우스 통번역사로 일을 하다가 2016년부터 프리랜서 국제회의 통역사로 일을 하고 있습니다. 벌써 4년 차가 되었네요. 4년이라는 시간이 너무 빨리 지나가서 4년 차가 되었는지도 몰랐어요.(웃음)

Q 정다혜 통역사님, 요즘 어떻게 지내고 계신가요?

최근 한두 달 동안 법정 통역이 너무 많았어요. 올해 1월부터 '이게 내 메인 잡(job)인가'라고 착각할 정도로 법정 통역이 너무 많아졌어요. 인하우스 통번역사로 근무했을 때는 법정통역을 자주 하지 못 했었는데 프리랜서로 전향하고 나서 한 두 개씩 담당했던 통역이 해가 갈수록 점점 사건이 많아지고 있어요. 예전에는 간단한 통역만 들어왔는데 이제는 중(重)한 사건들이 많이 들어오다 보니 재판 종류도 다양해져서 가정법원, 행정법원, 고등법원 할 것 없이 항소심까지 하고 있고 구치소 접견을 가거나 새로운 경험을 많이 하고 있어요. 이 외에 동시통역, 순차통역, 국제행사 MC도 꾸준히 하고 있고 로펌에서도 일하고 있어요.

**Q 언어 선택의 폭이 굉장히 넓은데
그 중 '영어' 통번역을 선택하신 특별한 계기가 있나요?**

특별한 계기는 없어요. 초등학교 때 방과 후 과의 교실에서 외국인 선생님이랑 영어 회화 수업을 한 게 처음으로 영어를 접하게 된 계기이긴 해요. 외국인 선생님이 그저 신기했었던 것 같아요. 그 뒤로는 특별하게 한 건 없고 꾸준히 영어에 관심이 있었어요. 중, 고등학교 들어가면서 영어 말하기 대회라든가 영어 관련된 활동을 열심히 참여했었고 초, 중, 고등학교 때까지 다른 학과를 생각해 본 적이 없어서 대학교 전공 선택을 할 때도 크게 고민 없이 통번역학과를 선택했었어요. 다른 전공을 생각해본 적이 없었어요.

Q 대학교 입학 후 혼자 영국으로 유학을 가시게 된 계기가 있나요?

네. 대학교 전공 선택을 할 때 별 고민 없이 통번역학과를 선택했는데 오히려 대학교에 진학하고 나서 '이게 정말 내가 갈 길인가?'에 대해서 고민을 하게 되었어요. 그 당시에 여러가지 상황이 겹치면서 영국으로 혼자 유학을 가게 되었는데 다행히도 영국에서 2년 과정을 수료하면서 '아, 내가 갈 길은 통역이 맞구나'를 확신하고 깨닫게 되었어요. 사실 영국에서 다시 대학교에 가려고 영국 포함해서 유럽 지역까지 모두 찾아봤는데 한국어가 모국어인 사람이 대학교에서 통번역을 공부할 수 있는 곳이 없더라고요. 그래서 다시 한국으로 돌아와서 대학교를 졸업하고 통번역대학원에 진학하게 되었어요.

Q 먼 나라로 혼자 유학을 떠나실 때 어떠셨나요? 걱정되거나 무섭지는 않으셨나요?

저는 너무 신났었어요. 제 고향이 부산인데 아무래도 제 나이 때에는 조기 유학이 드물었어요. 그때만 해도 서울은 부산과 비교하면 영어 교육 시설이나 외국인을 만날 수 있는 기회가 많았지만 부산은 접할 수 있는 기회가 적었거든요. 그래서 항상 영어에 대한 갈증을 느꼈었어요. 유학을 갈 때는 드디어 진짜 영어를 말하는 외국인을 만날 수 있다는 생각에 혼자 신났었어요.

Q 막상 혼자 유학을 떠나보니 어떠셨나요?

정말 매일 울었어요. 마냥 설레던 마음은 비행기에서 내리기 전까지였던 것 같아요. 막상 현지에 도착해서는 영국 영어를 하나도 못 알아들어서 너무 충격이었어요. 사실 그전에는 영어 시험 성적도 잘 나와서 영어를 크게 못 한다는 생각을 안 했었는데 현지에 도착하고 나서 접한 영어는 제가 여태까지 접했던 영어가 아닌 완전 다른 언어처럼 느껴졌어요. 영국 영어는 접해볼 일이 없어서 이렇게까지 다를 거라 상상을 못 했던 거죠.

처음에는 언어 때문에 힘들었는데 조금씩 익숙해지면서 또 다른 이유로 제가 작게 느껴졌었어요. 제가 있었던 곳이 영국의 작은 마을이라 전교에 한국인이 저 한 명뿐이었어요. 다행히 인종차별도 없었고 마을 분들이 저에게 다들 호의적으로 대해주셨어요. 이 작은 마을에 외국인이 올 일이 거의 없었기 때문에 신기해하셨던 것 같아요. 그래서 인종차별로 인한 어려움은 없었는데 반면에 대한민국이 이분들에게는 아직 알려지지 않은 너무 작은 나라라는 사실이 너무 속상했어요. 그때만 해도 한류도 없었으니까요. 그 당시에는 영국 사람들이 한국에 대해서 완전히 무지한 상태였던 것 같아요. 지금은 내가 작은 학교에서 겪는 작은 속상함에 불과하지만 만약 우리나라 사람들이 세계 무대로 나가게 되면 수많은 일을 겪게 될 텐데 그렇게 되면 우리나라 사람들이 얼마나 힘들까싶어서 그때 오히려 통역사가 되어야겠다는 결심이 섰고 더 열심히 영어 공부를 할 수 있게 된 원동력이었어요. 두 문화를 연결해 줄 수 있는 사람이 되면 한국을 더 알릴 수 있다고 생각했어요.

**Q 영국에서 '새로운 영어'를 배우시면서
또 다른 측면의 인상깊었던 점이 있으셨나요?**

제가 대학교 다닐 때 제 2 전공이 불어라서 그런지 불어에는 자신감이 있었어요. 근데 학기 초에는 한마디도 못 했던 친구들이 학기 말에는 너무 유창하게 잘 하는 거예요. 그러니까 영어를 모국어로 쓰는 사람들이라 습득력이 빠른 거죠. 주눅이 들었었죠. 그래서 한국어를 모국어로 하는 사람이 다른 나라 사람들과 일하고 경쟁할 때 출발점부터 다르다는 걸 느꼈어요.

Q 영국에서 유학하실 때 가장 기억에 남는 순간이 있나요?

좋은 사람들을 만난 게 가장 행복했어요. 만약 저였더라면 외국인 유학생에게 이렇게까지 잘해줄 수 없었을 것 같은데 가족처럼 저를 위해주셨어요. 반면에 큰 사건은 아니지만 영국에 막 갔을 때 유창하지 않은 영어 때문에 힘들었던 작은 일화들이 있어요. 친구랑 주말에 쇼핑을 하러 갔었는데 제가 줄을 잘못 서서 새치기를 한 셈이 되어버린 거예요. 저는 잘 모르고 한 실수였는데 뒤에서 어떤 아주머니가 저한테 무슨 말을 했는데 제가 그 말을 바로 알아듣지 못했었어요. 근데 또 다른 아주머니가 그 모습을 보고 "외국인들이 항상 저런 식으로 못 알아듣는 척하지"라고 하는 건 알아들었어요. 그때 그 아주머니에게 저의 의견을 충분히 말하지 못하는 게 너무 속상하고 당황스러웠어요. 언어가 제대로 통하지 않음으로써 생기는 작은 힘듦이 쌓였던 것 같아요.

Q 그럼 어느 순간부터 언어적 어려움이 사라지기 시작했나요?

1년쯤 지나고 한국으로 돌아오기 전에 동네 어르신께서 저에게 "클로이, 너 이저 우리랑 편하게 이야기하네?"라고 하시더라고요. 그리고 호스트 아주머니랑 같이 드라마를 자주 봤었는데 처음에는 안 들리고 못 알아듣던 드라마였는데 어느샌가 아주머니랑 편하게 드라마 이야기를 나누고 있는 거예요. 그때 아주머니가 "클로이 너 이제 드라마를 이해하네?"라고 하셨었어요. 한두 분씩 저에게 그런 말씀을 해주실 때가 제가 한국으로 돌아올 준비를 하는 시기였어요.

**Q 한국으로 돌아와서 바로 '전문 통번역사'가 되기 위한
준비를 시작하셨나요?**

한국으로 돌아와서 대학교를 졸업하고 바로 입시 준비를 해서 통번역대학원에 진학했어요. 대학원에 가려고 한국으로 돌아온 거라서 확고한 마음이 있었어요.

Q 2년 간의 통번역대학원 생활을 5글자로 표현한다면요?

'좌절 또 좌절', 마음처럼 잘되지 않아서 좌절의 연속이었어요. 통역 수업시간에 발표를 하고 나면 내 실력이 전보다 나아졌는지도 모르겠고 녹음한 걸 집에 오면서 들을 때마다 '아, 저 부분을 왜 놓쳤을까', '왜 이렇게 표현했지?', '왜 저 부분을 못 알아들었지?' 이러면서 끊임없이 좌절했어요. 아마 통번역대학원 다니신 분들은 잘 공감하실 거예요.

**Q 통번역대학원을 다니실 때
자신의 어떤 부분이 가장 큰 약점이라고 생각하셨나요?**

다른 동기들은 통번역대학원을 진학하기 전에 일하다 그만두고 오거나 혹은 학부 전공이 통번역 전공이 아닌 다른 전공을 했던 친구들이 대부분이었어요. 근데 저는 학부 전공이 통번역이라 다른 전공 지식이 전혀 없었어요. 이 부분이 저의 약점이라고 생각했어요.

그래서 다른 친구들은 어떤 주제에 대해서 너무 잘 알고 있거나 졸업하고 나서 특정 분야로 나가겠다는 뚜렷한 목표가 있더라고요. 근데 저는 통번역 이외에 다른 과목은 공부해 본 적이 없는 거죠. 만약 학부 시절로 돌아간다면 통번역 말고 다른 전공을 선택해서 전공지식을 쌓을 것 같아요. 사회 경험 없이 바로 대학원에 들어왔기 때문에 언어만 할 줄 알지 아는 게 없는 느낌이었어요. 전공 지식도 없지 사회 경험도 없지... 2년 동안 다른 친구에 비해서 부족하다는 것을 계속 느꼈어요. 근데 바꿀 수 없는 거잖아요. 스스로 심적으로 힘들었던 것 같아요.

Q 통번역 이외의 다른 전공 지식이 없다는 약점을 어떻게 극복하셨나요?

제가 중앙대학교 통번역학과를 선택한 이유가 바로 국제학 수업을 들을 수 있었기 때문이에요. 그래서 다른 학생들보다 수업도 더 많이 듣고 제가 필요하다고 생각되는 수업은 다른 전공 교수님들께 청강할 수 있는지 이메일을 보내서 부탁드렸어요. 통번역대학원 커리큘럼만 따라가기도 벅차지만 제 스스로 큰 약점이라고 생각했기 때문에 어쩔 수 없었던 것 같아요. 계속 극복하려고 했어요.

Q 통번역대학원은 2학년 마지막 학기에 졸업시험이 있는데요. 어떤 방식으로 졸업시험을 준비하셨나요?

제가 2학년 여름방학을 되게 허무하게 보냈어요.

중앙대학교는 2학년 1학기 때 동시통역을 처음 배우는데 그때는 '이게 동시통역이구나'라고 느낄 정도로만 경험하고 방학이 왔는데 혼자서 동시통역을 어떻게 공부하면 되는 건지 모르겠는 거예요. 방학이 그렇게 어영부영 지나가고 2학기가 개강하면서 갑자기 불안감이 엄습했어요. 졸업시험이 3개월도 채 남지 않아서 그 불안감에 매일 잠을 못 잘 정도였어요. 불안감 때문에 조금이라도 느슨해질 틈이 없었던 것 같아요. 오히려 수능 볼 때는 이렇게 스트레스를 받거나 불안해하지 않았었는데 통번역대학원 졸업시험은 달랐던 것 같아요. 졸업시험 한 달 전부터는 컨디션 조절을 하려고 정해진 시간 동안 잘 자고 잘 먹고 또 동시통역 시험 볼 때 감기 걸린 상태로 하면 큰일 나니까 감기에 걸리지 않으려고 엄청나게 조심했어요. 아프지 않으려고 노력했어요

**Q 많은 준비를 하신 만큼 졸업시험을 보실 때
긴장감 역시 컸을 것 같은데요. 어떠셨나요?**

번역 시험 같은 경우는 '아 이제 끝냈다'라는 생각이 들었어요. 물론 지금 생각해보면 왜 그렇게 유치한 표현을 썼을까라는 생각이 들지만 그래도 시간 안에 끝냈다는 안도감이 컸었던 것 같아요. 동시통역 시험보다 순차통역 시험을 더 떨었던 것 같아요. 순차통역 시험을 볼 때 노트테이킹을 하는데 제 손이 떨리는 걸 제 눈으로 직접 보니까 더 떨렸어요. 시험 볼 때 긴장해서 생각나지 않던 것들이 끝나고 나니까 그 많은 게 다 기억나는 거예요. 그리고 이제 2년 동안의 나의 생활이 정말 끝이 났구나라는 생각에 눈물이 막 나는 거예요. "땡큐"라는 말 한마디에 그동안의 힘든 감정이 올라왔었던 것 같아요. 태어나서 제일 많이 떨었던 것 같아요.

**Q 대학원을 졸업해도 취업하기가 굉장히 어려운 시대인데요.
통번역대학원 졸업 후 취업 전까지 어떤 과정을 겪으셨나요?**

중앙대학교는 인하우스를 선호했었어요. 교수님들도 인하우스를 추천하셔서 나도 당연히 인하우스 통번역사를 지원해야겠다고 생각했어요. 동기 중에 어떤 언니는 졸업시험 보기 전에 이미 취업이 되기도 하고 그랬는데 저는 졸업시험을 보고 나서부터 지원을 하기 시작해서 정말 많이 떨어졌어요. 스스로 의문이 들었던 점은 저는 정말 힘들게 공부해서 졸업시험에 통과했는데 오히려 졸업시험에 통과 못 한 친구들이 저보다 먼저 취업이 되는 거예요.

제 생각에 다른 친구들은 이미 회사경력도 있고 면접 경험도 있어서 취업이 금방 되었다고 생각하는데 저는 대학원 졸업하고 나서 취업 준비를 처음 해보는 거니까 자기소개서를 어떻게 써야 하는지도 모르고 압박 면접이 들어오면 '이런 걸 왜 물어보지?'라고 생각하곤 했어요.

분야 가리지 않고 정부 기관, 일반 기업, 연구소 모두 다 지원을 했었던 것 같아요. 나중 되니까 같이 스터디 할 친구도 점점 없어지고 다들 취업이 되어서 저만 남았더라고요. 교수님도 의아해하셨어요. 결국 제가 꼴등으로 취업했어요. 그때가 슬럼프였어요. 차라리 서류에서 떨어지면 아무것도 안 하고 떨어지니까 아쉽고 마는데 항상 최종에서 떨어지는 거예요. 최종시험에서는 통역시험도 보고 게다가 해당 기업이나 정부 기관에 대해서 공부해서 가는데 매번 최종면접에서 떨어지니까 그만큼 에너지 소모가 컸어요. 생각해보니 살면서 그때가 제일 힘들었던 것 같아요.

수능 잘 봐서 대학 잘 들어가면 인생이 잘 풀릴 거라고 착각하는 것처럼 통번역대학원 졸업시험을 통과했다는 기쁨은 잠깐 뿐이었어요. 정말 거짓말 하나도 보태지 않고 서른 곳 넘게 면접을 본 것 같아요. 공고 나오는 건 다 지원하고 다 떨어지고.

Q 서른 번 이상의 면접 중에 가장 기억에 남는 면접이 있나요?

우선 좋은 기억을 먼저 말씀드리면 최종 합격을 받은 곳. 사실 3월쯤 되니까 괜찮은 공고도 잘 올라오지 않았어요. 그래도 매일 사람인으로 공고를 확인하다가 법무부 국제형사과 공고가 올라온 걸 보게 되었어요. 그 당시에 법무부 국제형사과가 어떤 업무를 하는 곳인지도 모르고 그냥 지원은 해보자는 마음으로 지원했어요. 그때는 반 자포자기 상태여서 공부할 의욕도 없었거든요. 근데 또 최종견접을 보게 된 거예요. 특이한 점은 팀별 면접을 봤는데 사실 이게 더 신경이 쓰이잖아요. 더군다나 같이 면접을 보러 온 사람 중에 아는 사람이 있는 거예요. 이것도 신경 쓰이고... 똑같은 질문을 받고 면접자들이 차례대로 대답하는데 제가 정 가운데에 앉아 있다 보니 왼쪽에서 시작하든 오른쪽에서 시작하든 제가 생각했던 대답을 다른 지원자가 말해버려서 불리하다고 생각했어요. 그리고 그때 통역면접만 보는 게 아니라 "인간은 왜 범죄를 저지른다고 생각하나?"라는 철학적인 질문도 하셨어요. 면접을 다 보고 나서 속으로 '이번에도 떨어지겠구나'라고 생각하면서 마음을 비웠었어요. 그럴 수밖에 없었던 게 같이 면접을 봤던 지원자들이 말을 너무 잘하는 거예요. 마치 모든 질문에 대한 답을 준비해 온 것마냥(웃음) 결국 국제형사과는 떨어졌지만 그게 인연이 되어서 형사정책연구원에서 면접을 보고 일을 시작하게 되었어요.

창피했던 순간은 굉장히 많아요. 통일부에 가서 최종면접을 보는데 상사가 부당하다고 생각이 되는 지시를 하면 어떻게 대처를 할 것인가에 대한 질문을 하셨는데 그때는 잘 모르니까 솔직하게 "그런 부당한 지시를 하는 상사가 잘못된 거 아닌가요"라고 대답했어요. 너무 뻔한 대답을 하면 그건 가식이라고 생각했어요.

**Q 국제형사과 면접에서 떨어졌지만 인연이 되어서
'형사정책연구원'에서 다시 면접을 보셨다고 하셨는데
더 자세히 말씀해주실 수 있나요?**

'이번에도 떨어졌구나' 낙심하고 있을 때 한국형사정책연구원이라는 곳에서 면접을 보러 오지 않겠냐고 저한테 전화가 왔었어요. 알고 보니 법무부 국제형사과 최종면접에서 제가 2등을 했고 그때 심사위원 중 한 분이 바로 한국형사정책연구원 국제형사사법센터 센터장님이셨던 거예요. "인간이 왜 범죄를 저지른다고 생각하십니까?"라는 질문을 하셨던 그분이요. 국제형사과 면접에서 1등을 하신 분은 국제형사과로 가시고 이 센터장님께서 2등 한 저를 스카우트해오신 셈이죠. 그래서 정말 이제는 선택의 여지가 없다고 생각해서 뭘 하는 곳인지도 모르고 가서 면접을 봤는데 그다음 날 바로 연락이 와서 출근하라고 하셨어요. 그래서 형사정책연구원이 제가 처음 사회생활을 시작하게 된 곳이고 또 법률 분야의 통역을 시작한 계기가 되었어요.

저는 그 당시에 법학수업을 한 번도 들어본 적이 없었고 법률과 연관된 경험이나 경력이 아무것도 없었거든요. 근데 형사정책연구원은 형법, 형사법 전문가분들이 모여 있는 기관인데 저는 법률에 대해 아무것도 모르니까 뭘 하든 서툴렀죠. 다행히 너무 좋았던 건 제가 들어간 곳이 형사사법 집행기관이 아니라 연구원이라 이곳에서 연구하시는 박사님들께서 제가 모르는 게 있으면 한 시간씩 강의를 해주시고 자료를 충분히 제공해 줄 수 있는 환경이었어요. 아카데믹한 분위기라 저를 많이 이끌어 주셨어요. 그때 연구원분들이 너무 좋으셨어요.

항상 전공지식이 없는 게 약점이라고 생각했는데 전공지식을 공부할 수 있는 연구원에 온 것이 엄청난 행운이었던 거죠. 우리가 보통 통역을 준비할 때 관련된 기사나 인터넷 자료를 참고하잖아요. 근데 여기서는 해당 논문을 쓰신 박사님들이 모여 계시니까 직접 물어볼 수 있었어요.

Q 형사정책연구원에서 근무하셨을 때 가장 기억에 남는 업무가 있었나요?

사실 한국 형사정책연구원에서는 짧게 근무하고 바로 방콕으로 가게 되었어요. 방콕으로 가기 전에 연구원에서 제가 맡은 첫 임무는 연구원에 계신 검사님께서 브라질 국제 콘퍼런스에 가셔서 발표를 하셔야 했는데 그 발표 준비를 도와드리는 일이었어요. 우선 검사님께서 쓰시는 말을 제가 제대로 알아들어야 도와드릴 수 있다고 생각해서 검사님과 과외공부를 하듯이 자료도 찾고 공부도 하고 그랬어요. 또 검사님께서 영어로 발표를 하셔야 해서 문장 하나하나 읽는 방법부터 시작해서 전체적인 발표준비 과정을 도와드렸어요. 검사님께서 브라질에 가실 때는 MP3에 발표내용을 녹음해서 드렸는데 제가 녹음해서 드린 파일을 브라질에 가시는 길에도 계속 들으시면서 연습하셨데요. 굉장히 열심히 하셨었어요. 나중에 들었는데 기존의 발표 경험이 많으신 분이 오히려 실수를 하고 검사님은 준비를 완벽하게 하셔서 성공적으로 발표가 끝났다그 하더라그요. 처음 맡겨진 임무라서 부담이 많이 됐지만 검사님께서 정말 열심히 따라와 주셔서 함께 논의하고 회의하는 과정들이 저에게는 많은 도움이 되었어요.

Q 형사정책연구원에서 근무하시다가 방콕으로 가시게 된 배경에 대해서 설명해주세요.

방콕을 가게 된 것도 우연이었어요. 제가 근무하고 있던 연구기관이 UN에 속해 있는 연구기관 네트워크의 회원 기관 중 하나였어요. 그 당시 우리나라 검찰이 아세안 10개국 간의 검찰 네트워크를 만드는 프로젝트를 담당하고 있었어요. 만약 그 프로젝트를 우리나라가 담당하지 않았다면 제가 UN에 갈 기회가 없었을 텐데 정말 좋은 기회로 갈 수 있게 되었어요. 대검찰청의 한 검사님께서 방콕으로 파견나가 계셨었고 한국어와 영어를 할 수 있는 사람이 필요했던 거죠. 왜냐하면 한국어는 유엔 공식 언어가 아니다 보니 유엔의 통역사 풀(pool)에는 한국어를 할 수 있는 사람이 없어요. 그래서 UN에서 특별채용으로 공고를 냈는데 발표 준비를 도와드렸던 그 검사님께서 이 소식을 알고 저를 추천해 주셨어요. 저에게 방콕으로 갈 의사가 있는지를 물으셨고 그때부터 박사님들께서 UN 특별채용 시험 준비를 도와주셨어요. 사실 지금 생각해보면 다른 직장 가겠다고 하는 애인데 박사님들이 모두 저를 도와주셨어요. 제가 형사정책연구원에 온 지 몇 달 되지 않아서 아무것도 모르니까 박사님들께서 자료도 찾아 주시고 또 한국에서만 회사 지원을 해봤지 영어로 이력서를 작성해서 지원을 해본 적이 없었는데 해외에서 유학하신 박사님께서 이력서 쓰는 방법도 알려주시고 수정도 도와주시고 정말 감사했어요. 그때 연구원, 박사님들 모두 너무 좋으셨어요. 그분들께서 도와주셨기 때문에 시험을 볼 수 있었고 UN으로 갈 수 있었어요.

이런 모든 '우연'이 겹치고 겹친 것 같아요.

Q 방콕에서 UN 프로젝트에 참여하셨던 이야기를 좀 더 자세히 말씀해 주실 수 있나요?

그때는 방콕에서 한창 반정부 시위가 심하던 때라 발령이 계속 늦춰졌었어요. 이미 몇 달 전에 채용 확정 레터를 받았는데 뉴욕 본부에서 방콕 현지의 위험 상황이 아직 해결되지 않았으니 대기하라고 해서 한두 달 미뤄지고 6월 말에 방콕으로 가게 되었어요.

뉴욕 본부에서 방콕에 있는 UN 직원들에게 위험 지역에는 가지 말라는 경고 문자를 거의 매일 보냈던 것 같아요. 방콕 어느 거리에서 몇 명이 죽었으니까 UN 직원 및 가족들은 조심하라는 문자를 매일같이 받았어요. 그 정도로 위험했었어요. 이런 상황에서도 꿈에만 그리던 UN에서 근무할 기회가 생겼다는 게 너무 신기했었어요. 왜냐하면 한국어가 모국어라서 UN은 평생 갈 수 없는 직장이라고 생각하고 포기했었거든요. 방콕을 처음 가보기도 했고 너무 신났던 것 같아요. 근데 일은 너무 힘들었어요. 파견 나오신 검사님과 저를 제외하고 모두 외국인이다 보니 도움받을 곳이 없었어요. 연구원에서는 뭐든지 도움을 받고 일을 하다가 UN에 오고 나서 정말 작은 것부터 큰 것까지 모든 것을 제가 해결해야 했어요. 게다가 한국에서 UN과 연락할 수 있는 통로가 저뿐이라 한국의 많은 기관이 저를 통해서 연락하는 거죠. 외교부, 국정원, 검찰할 것 없이 기관의 담당자분들과 연락을 했어요.

그리고 한국 대검에서 열리는 큰 회의를 준비하면서 많이 배웠어요. 그때가 제일 힘들었나? 그때 매일 매일 울었어요. 힘이 드는지도 모르고 일을 했는데 엄마가 "일이 힘에 부쳐?"라고 하시는데 그 말을 듣고 펑펑 울었어요. 이 상태가 힘든 상태라는 걸 그제야 느낀 거죠. 저는 아무것도 모르는데 요구하는 건 많았으니까요. 이메일 보낼 때 조금만 실수가 있어도 그게 너무 큰 치명타가 되는 거예요. 우리나라 대검찰청 또는 UN에서 나가는 문서이기 때문에 너무 살 떨리는 번역이었어요. 근데 틀릴 거라고는 상상도 못 하는 것들이 실수일 때가 있었어요. 만약 제가 실수라고 파악할 수 있는 부분이었다면 확인하고 수정을 하면 되는데 '이게 실수라고?' 할 정도로 스스로 뭘 잘못했는지 모르는 것들이 자꾸 터지니까 그게 더 힘들었죠. 그래서 더 긴장되고 불안했어요. 게다가 대검찰청에서 나온 문서를 영어로 번역하려면 한자를 알아봐야 하는데 제가 그 당시 한자를 잘 몰랐어요. 그래서 검사님께서 한자 음을 불러 주시면 그 음을 다 받아 적고 다시 사전에서 찾아봐야 해서 거의 새벽까지 야근하고 밤샘도 밥 먹듯이 하고 주말에도 출근했어요. 대표가 퇴근할 때마다 꼭 저한테 와서 너무 늦게까지 있지 말라고 할 정도로 야근을 자주 했죠. 새벽 4시까지 야근을 하는데도 힘들다는 생각을 할 여유도 없이 이건 무슨 뜻일까를 매일 고민했고 6개월 동안 무식하게 공부했어요. 우리나라 법률 문서를 이만큼 찾아 놓고 미국 법률 문서도 이만큼 찾아 놓고 서로 대조하면서 읽는 거예요. 하나하나 대조하면서 배웠어요. 예를 들면 한국 법률에서 '~에 따라'라는 말이 있으면 영어권에서 '~에 따라'를 어떻게 표현하는지를 찾고, 근데 이 하나를 알려면 몇 시간 자료를 읽고 공부를 해야 딱 하나 알 수 있는 그런 식이었어요. 하나 알면 포스트잇 하나 붙여 놓고…. 6개월을 이런 식으로 공부했었어요.

그리고 제가 어떤 메일을 보내면 '방금 네가 보낸 메일을 받아봤는데 메일에서 네가 쓴 표현이 태국에서는 이런 뜻이고 또 태국법에서는 의미가 다른데 네가 원하는 게 뭐냐'고 물어봐요. 그럼 저는 그 검사님께서 하시는 말씀이 무슨 같인지도 모르겠고 또 그렇다고 해서 물어볼 수도 없는 상황이니까 힘들다는 생각보다는 빨리 공부해야 한다는 생각밖에 없었어요. 부담감보다는 책임감이 컸죠. 내일 당장 이 문서를 보내야 하는데 내가 그때까지 할 수 있을까, 내가 어떻게 하면 잘할 수 있을까, 이런 생각에 밤을 지새웠죠. 그 당시에는 이 일에 꽂혀 있었어요. 결과적으로 그 경험이 저에게 큰 자산이 되었지만요.

Q '꿈에만 그리던 UN'을 뒤로한 채
한국으로 다시 돌아오신 이유가 무엇인가요?

계약 기간이 끝나갈 때쯤에 사무소 대표가 UN의 다른 부서에서 일하고 싶으면 추천해주겠다고 하셨어요. 그때 왜 그랬는지 모르겠지만 "나는 한국으로 돌아가야 한다"라고 말씀드렸었어요. 이 얘기를 다른 분들께 했더니 인생의 기회를 놓친 거라고 하시더라고요. 근데 그때 왜 그랬냐 하면 외교부에서 처음으로 통역사를 뽑는다는 공고가 떠서 바로 지원해서 외교부에서 근무하게 되었거든요.

Q 외교부에서는 어떤 일을 하셨나요?

저는 통상교섭본부 소속이었어요. 한미 FTA 오역 사태가 났었을 때였는데 외교부에서 처음으로 통번역대학원 졸업생을 뽑는다는 공고를 냈었고 또 외교부라는 타이틀과 외교부 역사상 처음으로 통번역사를 뽑는다는 타이틀에 끌려서 무슨 업무를 하는지도 모르고 시험 보고 들어가서 FTA 협상을 맡게 되었어요. 그때 한-미 FTA, 한-EU FTA 오역이 난 부분에 대한 수정작업을 몇 개월 동안 담당했었고 그게 마무리 되면서 나라별로 FTA를 담당하게 됐어요. 저는 콜롬비아 FTA 협상을 담당했었어요. 너무 어려웠어요. 여기서 하는 업무는 형사정책연구원과 UN에서 했던 업무와 또 다른 분야였어요. 국제법을 다뤄야 하니까 온갖 법률을 종합해야 하고 또 단순히 형법만 알아서 되는 게 아니었어요. 처음 2~3개월 정도는 오역 수정하는 작업만 해서 눈으로는 조약 문장들이 익숙한데 실제로 회의에 갔더니 아무것도 못 알아들었어요.

쓰는 용어들도 너무 어렵고 저게 왜 문제가 되는지도 모르겠고 맥락 자체를 파악하기가 어려웠어요. 그래서 혼자 고민을 하다가 과장님과 상담을 하고 추천을 받아서 법학 대학원을 가게 된 거예요. 그때 고려대학교 법학 대학원을 선택하게 된 이유가 고려대에 국제법 교수님들이 가장 많이 계셨고 그 교수님들께서 외교부와 FTA 업무를 많이 하고 계셨어요. 그래서 자연스럽게 고대를 가게 되었고 낮에는 회사에서 일하고 밤에는 대학원에 가서 공부했죠. 회사에서 하는 회의에 고려대 교수님이 오시기도 해서 직장과 학교에 양해를 구하면서 다녔죠. 다행히 교수님도 제가 외교부에서 이런 일을 한다는 것도 알고 계시고 회사에서도 회사 일을 잘하고 대학원을 간다고 하니까 많이 배려해주셨어요.

제가 법학전공이 아니다 보니 교수님께서 학부 수업을 들으라고 지정해주셨어요. 대부분 봐준다고 하는데 저희 교수님은 얄짤없으셨어요. 그래서 반차를 쓰고 나와서 학부 수업을 듣고 수업이 끝나면 회사로 다시 돌아가서 야근을 했어요. 반차를 자주 쓰다 보니 회사생활을 중요시하지 않는다고 생각하실까봐 걱정했는데 오히려 과장님께서 응원한다고 문자도 보내주셔서 공부를 더 열심히 해서 도움이 되어 드려야겠다고 생각했어요.

Q 이미 대학원을 졸업한 상태에서 완전 새로운 분야의 석사과정을 또 한 번 해야한다는 것에 대한 부담은 없으셨나요?

그런 생각을 할 틈이 없었어요. 왜냐하면 FTA 협상에 가서 또 충격을 받은 거죠. 이렇게 몰라서 이 협상을 어떻게 진행하지라는 생각에 공부를 다시 해야겠다고 결정 내리게 되었어요.

이건 법학대학원에 들어가서 전문적으로 공부하지 않으면 해결할 수 없다고 생각했어요.

Q 법학대학원 진학에 대한 주변 반응은 어땠나요?

엄마는 엄청 뭐라고 하셨어요. 석사까지 보내 놨더니 왜 또 석사를 하려고 하냐며 혼내셨어요. 회사 분들은 우호적이셨어요. 근데 학교 교수님들 입장에서는 제가 불량 학생이었을 거예요. 회사에 급한 일이 생기면 학교에 중간고사 시험이 있어도 가지 못 했거든요. 그래서 뒤늦게 메일을 보내곤 했는데 사실 교수님으로서는 달갑지 않은 상황인데 정말 감사하게도 모두 저를 보듬어주셨어요.

Q 법학대학원 커리큘럼을 따라가기에 버겁지는 않으셨나요?

법학대학원 동기, 선후배들이 아니었다면 아마 수료하지 못 했을 거예요. 선후배 할 것 없이 연구실 친구들이 항상 잘 챙겨줬어요. 같이 수업을 들어야 공유할 수 있는 작은 부분들까지 항상 챙겨줬어요. 그리고 수강 신청을 할 때는 어떤 수업을 먼저 듣는 게 좋은지도 조언해주고 학생증 신청이나 사소한 사물함 신청까지 너나 할 것 없이 많이 도와줬어요. 그 친구들이 없었으면 아마 학교 못 다녔을 것 같아요.

저녁 수업이 있는 날은 회사에서 점심도 먹지 않고 일을 부랴부랴 끝내서 6시가 되면 과장님께 말씀드리고 학교에 가요. 근데 6시 딱 맞춰서 퇴근해도 광화문에서 고대까지 거리가 있다 보니 항상 늦게 들어갔거든요. 아직도 기억나는 게 제가 저녁을 못 먹고 오니까 제 책상 위에 먹을 것들을 가져다 놓고 그랬어요. 지금 생각해보면 눈물 나게 고마운 사람들이에요. 저는 늘 받기만 했어요. 학부는 팀플이 많은데 보통 팀플 할 때 잘 참여하지 않는 애들은 열심히 한 애들에게 불리하니까 교수님께서 제대로 참여하지 않은 사람들 이름을 써내라고 하시거라고요. 그래서 팀플 할 때 팀원들이 저를 쫓아낼까봐 걱정했는데 애들이 노인 공경하는 것처럼 저의 상황을 너무 잘 이해해주고 이끌어줬어요.

심지어 법대 시험 볼 때 법전을 가지고 들어가야 하는지도 몰랐어요. 그 정도로 아무것도 몰랐어요. 시험 보는 날 옆 친구한테 "법전 가지고 와도 돼?"라고 물었더니 그 동생이 "누나 법전 안 가지고 오셨어요?" 하면서 그 친구가 다른 친구들한테 연락해서 법전을 빌려서 가져다주고 할 정도였으니 주변에 친구들이 없었으면 아마 수료 못 했을 거예요. 아주 민폐를 끼치면서 다녔어요. 이런 인연들이 저에게는 정말 소중한 것 같아요.

Q 인연을 정말 소중하게 생각하시는 것 같아요.

예전에는 인연이 소중하다는 것을 잘 몰랐는데 프리랜서가 되고 나서 인연이 정말 소중하다는 것을 새삼 깨달았어요. 이런 분들이 제 주변에 없었더라면 내가 지금까지 해낼 수 없었겠다는 생각이 들었어요.

Q 프리랜서 통번역사의 삶을 5글자로 표현한다면?

'나와의 싸움', 제가 인하우스로 근무를 오래 하다가 나오니까 이미 그 기간 동안 프리랜서를 해왔던 사람들과 너무 차이가 나는 거예요. 또다시 처음부터 시작하는 기분이었어요. 인하우스 때는 나에게 주어지는 일만 하면 되지 주체적으로 일을 찾아 나서지는 않잖아요. 그리고 내가 어제부로 외교부를 그만두고 프리랜서로 전향했다고 하더라도 아무도 제가 프리랜서가 된 지는 모르는 거잖아요. 그래서 그때부터 또 새로운 시작 같은 느낌? 주변에 오랫동안 프리랜서를 한 친구들에게 도움도 많이 받고 다양한 상황에 대한 조언도 구했어요. 프리랜서 1년 차 때는 처음이니까 일이 없어도 괜찮다는 생각이 있었어요. '난 처음이니까 괜찮다'라는 위안이 있었는데 2년이 지나고 3년 차부터는 더는 처음이 아니니까 이때부터 고민을 하기 시작하는 거죠. 그래서 프리랜서는 정말 자기 하기 나름인 것 같아요. 인하우스로 있을 때는 실수하거나 준비를 못 해서 통역을 좀 망쳤다고 해도 회사에서 잘리지는 않잖아요. 근데 프리랜서로 일을 하면 잣대가 높아진다는 느낌을 받았어요. 그래서 클라이언트 피드백에 엄청 민감해지고 혹은 제가 순차통역을 하다가 실수를 하면 집에 와서 '다음부터 나 안 부르는 거 아니야?'라는 생각을 하면서 매번 새로운 클라이언트를 만날 때마다 고민했어요.

Q 프리랜서 통번역사로서 활동하시면서 뿌듯했던 순간이 있으신가요?

뿌듯했던 순간은 매번 있어요.

인하우스로 일할 때는 큰 사건들이 있어야 기억에 남는데 프리랜서로 일하다 보면 매번 새로운 프로젝트를 하는 것 같아서 끝나고 나면 뿌듯해요. 근데 뿌듯하기는 해도 홀가분하지는 않아요. 뭔가 찝찝하죠. 클라이언트한테 칭찬을 받더라도 당일 통역에서 내가 무엇을 잘했고, 못했고, 얼마나 많은 거짓말을 했는지 스스로가 더 잘 알잖아요. 클라이언트의 칭찬에 일희일비(一喜一悲)하면 안 되는 것 같아요. 누군가의 칭찬을 듣고 오늘 내가 잘했다고 생각하견 그때부터 더 이상 발전은 없는 것 같아요. 그래서 나와의 싸움이에요. 내가 오늘 한 통역의 퍼포먼스가 어떠했는지는 내가 가장 잘 아는 거니까요. 그래서 칭찬에 너무 우쭐해도 안 되지만 지적을 받았다고 해서 좌절하게 되면 자신감을 잃게 되잖아요. 사실 그 컴플레인이 통역 실수를 해서 나오는 게 아닐 수도 있거든요. 통역사로서는 최선을 다해 그 연사의 말을 통역한 거지만 듣는 사람은 통역사의 문제라고 생각하시는 분들이 있거든요. 처음에는 그런 컴플레인에 대해서 너무 당황스럽고 어쩔 바를 몰랐었는데 이제는 칭찬도, 컴플레인도 객관적으로 받아들이고 마인드 컨트롤 할 수 있게 되었어요.

연사의 말이 너무 엉망진창이었더라면 컴플레인을 받고 주눅 들기 보다는 그 연사의 말을 다시 들어보고 설령 아픈 과정일지라도 다시 복기해보죠. 복기 과정이 뼈를 때리는 과정이지만(웃음) 컴플레인을 듣고 마냥 좌절하는 것보다는 다시 복기하고 보완해 가는 과정이 더 현명하다는 걸 알게 되었어요. '만약 이런 연사를 또다시 만나게 된다면 청중들 관점에서 어떻게 통역을 하면 더 나을까?', '이런 경우는 어떻게 처리하면 좋을까?' 이런 고민을 하게 되었죠.

Q 그럼 행복했던 순간도 있으셨나요?

내가 누군가에게 도움이 될 때. 그전에는 잘 느끼지 못했어요. 근데 요 몇 달간 법정 통역에서 만나 뵌 피고인들의 말을 들으면서 한 편으로는 마음이 힘들면서도 내가 이분들께 도움이 될 수 있구나라는 걸 느끼다 보니 제가 살아있는 가치를 느낄 수 있었어요. 외국인들은 자기 앞날이 어떻게 될지 모르는 절박한 순간에 있는 사람들인데 자신을 변호해주는 변호사랑도 말이 잘 안 통하니까 제가 유일하게 그들의 말을 알아듣는 사람인 거죠. 저는 사실 그분들의 말을 듣고 실질적으로 해 줄 수 있는 건 없어서 안타깝지만 그 사람들 입장에서는 자신의 말을 알아듣는 것만으로도 큰 위안이 되는 거예요. 그 사람들이 지금까지 얼마나 답답하고 불안했는지 느껴지는 거죠. 자기 말을 못 알아들으니까 전달이 잘 안 돼서 자신에게 불리한 일이 생길까봐 불안했는데 자신의 말을 알아듣는 것만으로도 위안이 되어서 우는 사람들도 있었거든요.

얼마 전에 가까운 판사님을 뵈면서 "저는 법조인이 되면 안 될 것 같아요"라고 말씀드렸더니 판사님께서 하시는 말씀이 "당연히 그러실 수 있어요. 판사, 검사는 한번 걸러진 피고인의 말을 문서로 보는 거지만 통역사님은 피고인의 말을 날 것 그대로를 들으니까 힘드실 수밖에 없을 거예요", 이 말을 듣고 위안이 되었는데 요즘에는 제가 그분들께 도움이 될 수 있는 게 정말 뿌듯하고 또 보람을 느껴요.

Q 프리랜서 통번역사로 활동하시면서
정다혜 통역사님만의 신념, 가치관이 있나요?

저는 통역할 때 항상 '저에게 온전히 의지하는 사람들'이 있다는 걸 생각해요. 동시통역을 하다 보면 리시버를 듣고 있는 사람들이 고개를 끄덕이거나, 연사가 말하는 중에는 아무 반응이 없다가 통역이 나가고 청중들의 반응이 나올 때 그런 순간들이 짜릿하고 뿌듯하면서도 한편으로는 책임감도 느껴지죠. 그게 저의 동력인 것 같아요.

어떠한 통역을 준비하더라도 자료를 마냥 공부하는 것에서 끝내는 것이 아니라 나의 통역에 의지할 사람들을 생각하면 좀 더 꼼꼼하게 찾아보게 되고 공부하게 되더라고요. 이러한 생각들이 저의 기준인 것 같아요. 나에게 의지하는 사람들에게 연사의 말을 더 잘 통역해줘야겠다는 생각이 드니까 그렇게 하기 위해서 내가 어떻게 해야 하는가를 생각해 보면 내가 뭘 해야 되는지가 뚜렷해지는 거죠.

Q 프리랜서 통번역사의 출근부터 퇴근까지 일과는 어떠한가요?

단순해요.(웃음) 출근해서 동시통역하고 퇴근해요. 좀 더 자세히 말하면 보통 통역 시작 한두 시간 전에 도착해 있는 편이에요. 근데 통역사마다 좀 갈리는 것 같아요. 잠을 충분히 자야 한다는 통역사가 있고, 잠을 못 자더라도 자료를 다 봐야 한다는 통역사가 있는데 저는 후자예요. 그리고 운전하고 가면서 입을 푸는 편이고 도착해서는 사운드 체크하고 파트너 선생님과 맞춰보죠. 근데 사실 통역 당일에 자료를 받는 경우도 많고 오후 세션 통역은 점심시간에 부랴부랴 자료를 받는 경우가 많아서 통역 현장에 가면 쉴 틈이 없어요. 급히 받은 자료를 보기 바쁘고 또 어떤 연사는 자료가 없다고 하시고는 무대에 올라가서 자료를 꺼내 읽기도 해요. 그런 경우가 허다해요.

그래서 저희 통역사들은 담당자에게 그 자료를 아무리 달라고 해도 관계자분들은 잠깐 5분 정도 짧게 말씀하시고 끝내신다고 하셔서 파트너 선생님과 통역할 시간도 나누지 않고 있었는데 그 연사분이 뭔가 써오신 자료를 꺼내서 30분 정도를 읽으시는 거죠. 연사와 관계자 간의 소통이 안 되었던 거죠. 온갖 중국 고대 이야기가 나오고 중국 만리장성 건축 원리를 설명하고 그걸 또 오늘날의 상황과 대입하고 이런 상황들이 많아요. 처음 들어보는 고유명사만 수백 개 나오는 경우도 많고 그래서 동시통역을 할 때에는 멘붕의 연속이에요.

**Q 동시통역을 할 때
처음 듣는 고유명사, 바로 통역하기가 어려운 문장이 나올 때는
어떻게 대처하시나요?**

이때 파트너와의 호흡이 중요해요. 옆에서 파트너가 빨리빨리 찾아주면 좋고 저도 찾아가면서 통역을 해야 하고요. 정말 안 되는 건 어떻게든 처리를 해야죠. 알아들었을 때는 바로 통역을 하고 내가 못 알아들었을 때는 고유명사 원어 그대로 처리하고 뒤어 짧게 부연설명을 하는 거죠. 부연 설명을 붙일 수 있으면 붙이고 못 붙이는 건 넘어가는 거죠. 뒤에 가서 요령껏 다시 처리할 수 있는 경우도 있어요. 진짜 전쟁 같은 상황이에요.

**Q 한 직업을 오랫동안 하다보면 직업병이 생기기도 하잖아요.
통번역사로서 생긴 직업병이 있으신가요?**

귀가 조금 예민해졌어요. 동시통역을 온종일 하면 귀에 무리가 많이 가잖아요. 그래서 뭔가 시끄러운 소리가 나면 다른 사람보다 더 예민한 것 같아요. 다른 사람과 같이 있을 때 그 사람들은 괜찮은데 저만 귀가 아프더라고요. 그래서 큰 소리를 조심하는 편이에요. 웬만하면 조용한 곳에 있으려고 해요. 그래서 예전에는 혼자 있을 때 음악도 크게 틀어 놨었는데 요즘에는 스스로 의식해서 귀가 휴식을 취할 수 있게 하는 편이에요.

Q 통번역사와 언어를 잘 하는 사람, 차별화가 가능한가요?

너무 어려운 질문이네요. 정말 이건 통역사가 아니라면 이해할 수 없는 내용이지 않을까요. 쉬운 예시로는 최근에 이런 말을 들었어요. 영어를 잘하시는 해외파 아나운서들이 많잖아요. 해외파인데 한국에서 아나운서를 하다 보니 영어로 행사를 진행하고 통역을 맡기도 하더라고요. 근데 어느 날 어떤 친구가 저에게 통번역대학원 진학을 생각하고 있다고 해서 저는 그 친구가 유학파 아나운서인데 왜 통번역대학원을 가려고 할까라고 생각했는데 들어보니까 그 친구에게 누가 순차통역을 맡겨서 자기가 덥석 하겠다고 했고 가서 그냥 하면 되는 줄 알았데요. 근데 그게 국방 관련 회의였는데 회의가 시작되자마자 멘붕이 와서 결국 영어를 할 수 있는 직원분에게 통역을 부탁했다는 거예요. 행사할 때 통역을 해봤으니 자기도 통역을 할 수 있을거라고 생각했데요. 근데 행사 진행할 때 통역하는 건 짧은 연설문이나 스피치 정도였을 테니 전문적인 노트테이킹은 해보지 않았을 거잖아요. 그래서 그 상황을 겪고 나서 통역은 그냥 쉽게 할 수 있는 게 아니라는 걸 느꼈다고 하더라고요.

이런 사례를 보면 분명히 영어를 잘하는 것과 통역을 하는 것은 다르고 또 예전에 바이링구얼이 '영어는 내가 더 잘하는데 통역사 너희 통번역대학원 하나 나왔다고 뭘 그렇게 빼기니?'라고 쓴 댓글을 본 적이 있거든요. 영어 하나만 봤을 때는 바이링구얼이 통역사들보다 더 유창할지 모르나 메시지를 잘 파악하고 잘 전달하는 건 완전 다른 기술인 것 같아요. 하지만 본인들이 이런 상황을 스스로 겪지 않으면 느끼지 못해요.

프리랜서 1~2년 차 대는 들어오는 일들을 다 하다 보니까 통역사를 경시하는 분들도 많이 뵙고 요율을 깎으려는 상황도 자주 마주했는데 3~4년 차가 되니까 그런 일들은 거절하게 되고 또 통역사의 가치를 알아봐주시는 분들이 있다는 것을 알게 되니까 통역사의 가치를 모르는 사람들의 일은 거절하게 되는 거예요. 말도 안 되는 요율로 통역을 해달라고 하면 처음에는 '프리랜서는 이런 일도 다 받아서 해야 되는 건가?'라는 불안감에 그러기도 했는데 후에는 통역사의 가치를 모르는 사람들의 일은 할 필요가 없다는 것을 알게 된 거죠. 통역사의 가치를 충분히 알고 정당한 대가를 지급하고자 하는 분들이 많다는 것을 알게 되니까 '나는 이분들과 함께 일하면 되는구나, 말도 안 되는 요율을 제시하면 거절하면 되는구나'라는 걸 알게 되었어요. 그래서 이제는 갈등이 많이 줄었어요.

통역사의 가치를 아시는 분들은 본인이 영어를 더 잘해도 중요한 일이 있으면 꼭 통역사를 부르세요. 본인이 하시면 더 잘하실 것 같은 일을 저에게 부탁하시는 경우도 있어요. 예를 들면 의원실 보좌관님 경우에는 외신기자 출신이시고 또 의원실에 계신 분들은 대부분 스펙이 장난이 아니더라고요. 해외 유학파가 잔뜩 모여있는데 두 시간 짜리 회의에서 잠깐 통역을 하더라도 저를 부르시는 거예요. 저로서는 직접 하셔도 될 것 같은데 나를 왜 부를까 싶었죠. 근데 그분이 하시는 말씀이 통역사는 회의 분위기를 맞춰주고 민감한 협상에서 중요한 역할을 한다고 하셨어요. 중요한 자리에서 통역사는 양쪽의 입장을 이해하고 중간에서 분위기를 부드럽게 한다고 하더라고요.

저는 외교부에서 민감한 협상도 많이 따라다녔고 청와대 의전행사를 오래 하다 보니 외교/정치적인 맥락에서 통역하는 게 조금은 몸에 배어 있어요. 그러다 보니 다른나라 대통령이 참석한 국회 의전행사에서도 사실 크게 당황할 일 없이 익숙하게 통역을 할 수 있었던 것 같아요. 그 덕분에 비서관께서 통역사들은 통역만 잘하는 게 아니라 의전도 맞춰줄 수 있는 에티튜드를 가지고 있고 영어만 잘하는 사람들하고는 다르다고 해주셨어요. 단순히 언어만 잘한다고 말하기엔 통역사는 너무 많은 걸 갖추고 있는 거죠. 국빈 방문 의전이나 민감한 곳에서 통역할 때에는 기계적으로 통역을 하는 게 아니다 보니 분위기를 맞춘다거나 사용되는 언어 선택도 잘해야 해요.

쉬운 예시를 들자면 어떤 업계의 대표님이 바이링구얼이셨는데 리시버(Receiver)를 보고 이어피스(Earpiece)라고 하시는 거예요. 너무 캐쥬얼하게 영어를 하시는 거죠. 그때 높은 분들이 많았는데 조금은 불편할 수 있겠다고 생각했어요. 물론 캐쥬얼한 행사에서는 그렇게 할 수 있겠지만 필요한 순간에는 언어 수준을 맞춰줄 수 있는 게 통역사의 능력인 것 같아요.

Q 통번역사에게 필요한 자질은 무엇인가요?

집요함과 끈질김. 왜냐하면 많은 분야를 공부해야 하는 것도 있지만 특히 저 같은 경우는 법률문서 번역을 많이 하는데 법률문서를 번역할 때는 집요함이 필요해요.

어떤 문서를 번역할 때 100개의 문장이 있다면 모든 문장에 100%의 노력을 들여야 하지만 '하나 정도는 99%의 노력만 들여도 되겠지'라고 생각하며 쉽게 넘어가는 부분이 있잖아요. 근데 항상 그 1%의 노력을 덜 한 부분이 문제가 되더라고요. 저는 그런 경험을 몇 번 했어요. 그래서 그 뒤로는 정말 작은 거 하나라도 소홀히 하면 꼭 거기서 사달이 나는구나싶어서 집요하게 꼼꼼하게 다시 확인하고 흘려듣지 않으려고 해요.

실제 동시통역할 때 무심코 넘겼던 용어가 나오면 좀 더 꼼꼼하게 찾아볼 걸 하는 후회가 남아요. 그래서 하나도 놓치지 않고 가능한 한 철저하게 준비해가는 집요함과 호기심이 필요해요. 특히 법률문서 번역을 할 때 '이렇게 하면 되겠지?' 하고 5번 확인해야 할 걸 3번만 확인하면 꼭 이게 문제가 돼요.

Q 통번역사를 둘러싼 환상과 현실 사이, 가장 큰 괴리는 무엇인가요?

보통 사람들은 멋있는 모습만 보시지단 그걸 하기 위해서 얼마나 많은 걸 준비하고 또 통역할 때 통역사의 뇌 속에서 얼마나 많은 멘붕이 일어나는지 모르시는 경우가 많죠. 아, 이런 괴리가 있겠네요. 청중들이 통역을 들을 때 통역사가 평온하게 말하고 있는 것처럼 느끼시겠지만 저희가 통역할 때 뇌 속에서는 셀 수 없는 내적 갈등이 일어나잖아요. 인스타에서 본 적이 있는데 통역할 때 마치 뇌 즙을 짜내는 것 같다고 하시더라고요.(웃음) 통역 부스 안에서는 뇌 즙을 짜내고 있는데 밖에서는 편안하게 말을 하고 있다고 생각하니까 겉에서 보는 통역 프로세스와 저희가 내부에서 처리하는 프로세스의 차이가 있을 것 같아요. 그리고 남들 보기에 화려해 보인다는 건 방송이나 큰 행사 무대에서 하는 통역인데 사실 화려하지 않은 통역이 더 많거든요. 저 같은 경우에는 구치소 통역을 하러 자주 가는데 그걸 보고 화려하다고 하시는 분들은 없지 않을까요? 눈에 안 보이는 걸 잘 모르시는 것 같아요.

청와대 행사는 늘 화려하죠. 높으신 분들이 모이는 행사이니까 화려하지만 사실 행사 기간에는 발에 피가 나는지도 모르고 뛰어다녀요. 선진국일수록 의전이 되게 센데 우리나라도 의전이 센 나라 중 하나예요. 선진국은 의전이 좀 더 자유롭고 캐쥬얼하다고 생각했는데 오히려 선진국일수록 의전이 세고 기 싸움이 많아요. 국기 각도가 조금만 틀어져 있어도 그 나라에 대한 실례가 되고 신뢰가 깨지는 거니까 다들 엄청나게 긴장을 하고 있고 용어 하나하나 신경 써야 하는 거죠. 물론 정해져 있는 것만 하면 되니까 수월하기도 하지만 그 정해져 있는 걸 제대로 못 할 경우 혹은 조금이라도 틀리게 되면 너무나도 큰 외교 실수가 되는 거죠. 청와대 행사를 많이 하면 주변 사람들이 부러워하지만 그 속에서 일하시는 분들은 엄청난 아픔이 있어요. 의전 같은 경우에는 어떤 옷을 입어야 하는지, 어느 쪽에 서 있어야 하는지, 뭘 들고 있어야 하는지, 신발까지도 신경써야 하고 특히 박근혜 정부 때는 복장 규제가 심했어요. 그 전 정부 때는 복장에 대한 큰 제약이 없어서 차분한 정도로만 입으면 됐었는데 정권이 바뀌고 여자 대통령이다 보니 완전 올 블랙만 입을 수 있었어요. 그리고 순방 출장을 가면 대통령님이 도착하시기 전에 저희는 하루 전에 미리 가서 준비해야 해서 잠도 못 자고, 시차 때문에 밤을 세고 통역을 하기도 해요.

겉으로 볼 때는 화려할 수 있겠지만 그 안에서는 피 흘리고 있죠. 어떤 과장님은 일주일 동안 잠을 못 주무시고 순방 준비를 하다 보니 눈에 실핏줄도 터지고 또 링거도 맞는데 제 발에서 피가 난다고 뭐라고 할 수 없는거죠. 겉으로 화려해보일 수 있지만 한치의 오차도 없이 보이기 위해서 해야하는 무대 뒤 노력은 어마어마한 것 같아요.

Q 통번역사 전망은 어떨까요?

통번역사르서 할 수 있는 일이 너무나 많고, 갈 수 있는 길, 형태, 모양이 너무나 다양해서 즛 갈 자기 하기 나름인 것 같아요. 자신이 어떠한 색깔을 찾아가느냐가 문제지 통번역사의 전망이르고 하기에는 어려운 것 같아요. 특히 프리랜서는 더더욱!

Q 정다혜 통역사님께서 꿈꿔왔던 삶과 지금의 삶, 어느정도 가까워지셨나요?

만들어가고 있는 상황이에요. 나를 성장시키기 의해 노력한다기보다는 당장 내가 다음 주, 다음 달에는 어떻게 해야 할가를 매일 고민해요. 고민과 선택의 연속이에요.

Q 정다혜 통역사님의 10년 후 모습을 그려보신 적 있나요?

그건 잘 모르겠어요.(웃음) 당장 내일의 나의 모습도 잘 모르겠거든요. 내가 오늘 가만히 있으면 정말 멈춰있다는 생각이 들어요. 인하우스와 프리랜서의 차이점이 여기에 있지 않을까요? 인하우스 때는 내가 오늘 일을 하지 않아도 회사는 잘 돌아가거든요. 그래서 굳이 뭔가를 걱정하지 않아도 되는데 지금은 나 혼자 사회에 던져진 거니까 내가 가만히 있으면 그날은 내가 멈춰있는 거고 내가 한 발짝 내디뎌야 한발자국 가는 느낌인 거죠. 그래서 항상 다음은 어디로 가야 하는지, 어디로 갈 수 있을지 모르는 불확실성 속에서 한 발 한 발 나아가려고 노력하고 있어요.

**Q 바쁜 나날을 보내는 정다혜 통역사님의 모습을 보면서
　오히려 휴식을 권유하는 분도 있으실 것 같아요.**

'엄마'요. 제가 일을 하느라 법학대학원 수료는 해놓고 논문은 작년에 겨우 제출했거든요. 6년 만에 겨우 졸업했어요. 엄마는 축하를 해주시면서도 이제 좀 쉬라고, 그만하라고 하시더라고요.

Q 정다혜 통역사님에게 '법학'은 어떤 의미인가요?

뒤늦게 만난 짝사랑. 너무 늦게 만난 짝사랑. 미리 만나지 못해서 좀 아쉬워요. 뒤늦게 만났는데 나만 좋아하는 그런 짝사랑 같은 것.

나만 좋아해.(웃음)

Q 요즘 통역사님을 가장 행복하게 만드는 건 무엇인가요?

예상하지 못했던 기회나 우연들이 생기는 것. 프리랜서의 삶은 항상 앞일을 모르기 때문에 불안하지만, 또 한편으로는 예상하지 못했던 좋은 일들이 예기치 못하게 생기는 것도 행복한 일인 것 같아요. 그래서 매번 다른 모습을 할 수 있는 게 행복이고 재미로 다가오는 것 같아요.

Q 통번역대학원 진학을 준비하는 사람들, 재학생에게 해주고 싶은 조언이 있으신가요?

중요한 게 무엇인지 항상 생각했으면 좋겠어요.

몇 년 전에 강의할 때 보니까 학생들이 사진 찍어서 인스타 하기 바쁜 거예요. '통대 라이프' 해시태그를 걸기도 하고요. 저도 인스타를 재미 삼아 하지만 사진을 찍고 올리기 전에 그날 통역을 제대로 했는지 그날 발표를 잘했는지 파악하는 게 좋을 것 같아요. 뭐가 더 중요한지를 잊지 않았으면 좋겠어요. 어떤 친구는 통번역사의 화려해 보이는 모습 때문에 어려운 통역은 안 하고 영어 MC만 할 거라고 하더라고요. 그래서 제가 왜 그런 생각을 했는지 물어봤더니 어려운 공부는 하지 않아도 되고 돈도 많이 벌 수 있다고 하는데 그럼 왜 통번역대학원에 왔나 싶은 생각이 드는 거죠. 그러니까 화려한 것들만 좋아하는 것 같아요. 근데 화려함이라는 것은 본질적으로 통역을 잘 하고 나서 부수적으로 따라오는 것들이고 실체가 단단해야 그 외의 것들이 아름다워 보이는 거라고 생각해요. 뭐가 중요한지를 잘 생각했으면 좋겠어요.

영어 하나만 봤을 때는

바이링구얼이 통역사들보다 더 유창할지 모르나

메시지를 잘 파악하고 잘 전달하는 건

완전 다른 기술인 것 같아요.

단순히 언어만 잘한다고 말하기엔

통역사는 너무 많은 걸 갖추고 있는 거죠.

통번역사를 둘러싼 환상과 현실과의 괴리에 대하여

김 성 아

한중 국제회의 통역사

"돈만 보고 할 수 있는 일은
아닌 것 같아요.
2년 동안의 통번역대학원 과정은
단순히 좋아서
할 수 있는 일은 아니에요."

Q 간단한 자기소개 부탁드립니다.

제 이름은 김성아그요. 현재 프리랜서 5년 차인 아이 둘의 엄마입니다. 요즘은 번역만 하고 있어서 번역가라고 하는 게 좀 더 정확하겠네요.

Q 평소에 하루를 어떻게 보내시나요?

저희 남편은 꼭 아침에 밥을 먹고 출근을 해요. 그래서 아침에 일찍 일어나서 남편 아침밥을 해주고 출근시키면 그다음은 아이들 차례인데 아이들이 굉장히 일찍 일어나요. 제가 아이들에게 "더 자라"라고 해도 제가 일어나면 애들도 따라 일어나서 보통 6시 30분~7시 사이에 같이 활동을 시작해요. 아침잠이 없는 것 같아요. 나중에 커서 달라지면 안 될 텐데 걱정이네요.(웃음) 애들은 9시쯤에는 나가야 해서 그사이에 밥 먹이고 씻기고, 아이들이 지금보다 더 어렸을 때는 100번쯤은 소리를 질렀던 것 같아요. 근데 이제는 애들이 7살, 8살 정도 되니까 소리를 많이 지르지 않아도 엄마 말을 잘 들어줘서 고마워요. 애들을 보내고 나서 번역일이 있으면 바로 일을 시작하고 번역일이 없을 때는 주로 집안일을 하죠. 예전에는 홈트레이닝에 빠져서 1년간 열심히 했던 것 같은데 번역일이 들어오면 너무 바빠지니까 사실상 운동을 지속하기가 굉장히 어렵더라고요. 지금은 일이 많아져서 운동을 내려놓은 지 한참 되었네요.

**Q 엄마의 직업(통번역사)이 아이들의 언어발달에
영향을 준다고 생각하시나요?**

그렇죠? 저도 그렇게 생각하기는 했는데 아이들이 조금 더 크면 제 영향을 많이 받을 것 같아요. 엄마가 일하는 모습, 엄마가 공부하는 모습을 보면 아이들이 좋은 영향을 받을 것 같은데 저희 아이들이 아직은 많이 어려요. 딸 하나, 아들 하나. 둘이 연년생인데 올해 큰아이가 초등학교에 들어가요. 큰아이는 말이 빨랐는데 둘째는 30개월까지 거의 말을 하지 않아서 걱정할 정도였어요. 언어 발달은 엄마 직업이랑 관련이 없나 봐요.

**Q '프리랜서 통번역사'는 고정 에이전시 찾기가 힘들다던데...
이 점에 대해서 어떻게 생각하시나요?**

그렇죠. 사실 그게 제일 힘들었죠. 그나마 다행이었던 건 동기 중에 에이전시를 하는 동기가 있어요. 그 동기가 자기 일을 준 건 아니지만 다른 에이전시의 일을 저와 연결해줬어요.

근데 사실 제가 그때는 일을 다시 시작할 때는 아니었거든요. 둘째가 돌이 막 지나서 육아에만 전념하던 시기였어요. 애만 보고 있었는데 동기가 "언니 좀 급한데 도와줄 수 있겠어?"라고 급하게 부탁을 해서 얼떨결에 일을 시작하게 되었어요. 몇 년 만에 하는 번역이었지만 에이전시 측에서 제 번역본을 마음에 들어 했던 것 같아요. 정말 다행이었죠. 그래서 지금까지 그 에이전시를 메인으로 해서 일을 하고 있어요.

한참 지난 후에는 다른 곳에도 이력서를 넣어서 또 다른 에이전시 몇 곳과 일을 하고 있어요.

Q 새내기 통번역사는 통번역 에이전시에 이력서를 많이 넣어요. 하지만 실제로 연락 오는 에이전시는 없다고 하더라고요.

원래 그렇대요. 일단 이력서를 넣어놓고 1년 지나고 나서 연락 오는 곳도 있고 저도 작년에 넣은 기억에도 없는 업체에서 연락이 왔어요. 심지어 샘플도 보지 않고 바로 일을 주겠다는 곳이었어요. 한 건 끝내고 나서 또다시 연락이 오더라고요.

Q 통번역사는 '체력'이 곧 '생명'이라는 말도 있는데 체력관리는 어떻게 하세요?

건강이 참 그래요. 개인적인 이야기인데 친한 친구 둘 다 암에 걸렸었어요. 한 친구는 중국어 선생님이었는데 그래도 이 친구는 그나마 착한 암이라는 갑상샘암에 걸려서 지금은 항암 치료받고 회복 중이에요. 다행히 이 친구는 그나마 좋은 케이스였다고 해도 암 소식을 들었을 때 굉장히 충격적이었거든요. 근데 또 다른 고등학교 동창 친구 한 명은 암으로 죽었어요. 아직도 마음이 좀 힘들어요. 친한 친구인데 자기가 아프다고 저한테 연락 한 번을 하지 않았어요. 서로 집도 가까워서 연락도 자주 하고 아이들 물건도 물려주고 하면서 지냈는데 그 친구 남편이 일 때문에 발령을 받으면서 과천으로 이사를 갔거든요.

사실 제가 사는 영등포랑 과천이 그렇게 먼 거리도 아닌데 만나자고 하면 친구가 자꾸 피하는 거예요. "애들 학교 때문에 안돼", "너무 멀어서 보기 힘들다", 그렇게 한 3년을 피하더니 작년 추석 무렵에 "추석 지나면 얼굴 한번 보자" 그랬는데 추석 지나고 부고 소식을 들은 거죠. 지금도, 아직도 그 친구가 아주 그리워요. 미안한 마음이 정말 커요. 차라리 억지로라도 만날걸. 그냥 내가 막무가내로 "보자"라고 했으면 그 친구가 얼마나 아픈지를 알기라도 할 수 있지 않았을까. 근데 한마디 말도 없이 어떻게 받은 소식이 부고인지...

근데 그게 오히려 저한테는 인생의 전환점이 되었어요. 너무 아등바등 살지 말자. 하고 싶은 일 하고 살자. 내가 언제 죽을지도 모르고 오늘 당장 죽을 수도 있는데... '다시 일해야겠다'라고 생각하게 되었어요. 사실 번역만 해도 애 키우면서는 좋아요. 근데 제가 정말 하고 싶었던 건 통역이었는데 그걸 못하고 있었으니까 아이들을 원망한 적도 있었어요. 마음에 맺힌 게 많다 보니 "엄마는 너희 때문에 하고 싶은 것도 못 하고 일도 못 가잖아" 라고 말도 알아듣지 못하는 아이들한테 이런 말을 했었어요. 근데 이런 원망만 했었는데 친한 친구가 세상을 떠나고 난 뒤부터 '다시 일을 시작해야겠다'고 다짐을 하고 헤드폰도 다시 사고 노트테이킹도 다시 시작했어요.

Q '통역을 다시 시작해야겠다'라고 결심하신 뒤에 어떤 준비를 하고 계시는지요?

예전에 공부했던 것들을 다시 떠올리고 있어요.

10여 년 전에 학교 다닐 때 썼던 노트를 아직도 가지고 있어요. 추억 박스처럼 내가 언젠가는 보게 되지 않을까 해서 버리지 않고 있었어요. 그 자료를 다 가지고 있더라고요. 아마 다른 통번역사 선생님들도 자료 다 버리지 않으시고 도아 두셨을 거예요. 다 추억이거든요. 초심으로 돌아가서 대학원 다닐 때 했던 공부 방식들을 하나씩 하나씩 실천하고 있어요. 보통 다 알지만 실천하기 어려운 것들 있잖아요. 쉐도잉이라든지, 낭독이라든지.

**Q 통번역대학원 졸업 후
   영,중,일 통번역사 혹은 동기와 자주 만나시나요?**

대학원 동기들 모두가 다 같이 만나기는 정말 힘들고 졸업하고 나서 다 같이 본 게 2011년 겨울에 그나마 많이 모였어요. 저희 기수가 총 12명이었는데 그중 6명, 7명이 한꺼번에 모였어요. 사실 만나서 일 이야기를 많이 하지는 않아요. 이미 졸업한 지 10년이 넘어서 그런지 일 이야기보다는 살아가는 이야기를 많이 해요. 그리고 학교 후배들 걱정도 많이 하죠.(웃음)

Q 맨 처음 '통역사가 되어야겠다'라고 생각한 계기가 있으신가요?

초등학교 때부터 꿈이 동시통역사였어요. 정말 옛날얘기인데 초등학교 6학년 때 걸프전이 터졌어요. 90년대 초반에 걸프전이 터졌는데 그날 정말 우연히 뉴스로 동시통역하는 장면을 봤어요. 그 당시에 그 모습이 너무 신기한 거예요.

그분이 영어를 듣고 바로 통역을 하시는데 너무 신기해서 그때부터 동시통역사가 꿈이 되었어요. 오! 저거 정말 신기한 직업이구나.(웃음) 중학교 때 외국어는 영어밖에 없다고 생각해서 영어 동시통역사가 되어야겠다고 생각하고 영어 공부를 정말 열심히 했어요. 말하기 대회에 나가서 상도 탈 정도로 영어 공부를 열심히 했죠. 고등학교 때 잠깐 꿈이 바뀌어서 외교관이 되고 싶기도 했어요. 근데 학부를 한국외대 중국어과로 가서 중국어를 배워보니까 너무 재미있는 거예요. '중국어가 내 적성에 맞는구나', 그때는 영어보다 중국어가 더 재미있더라고요. 어릴 때라 그런지 중국어를 한 번만 들어도 바로바로 외워졌어요. 언어 쪽으로는 관심이 많았어요.

대학교 4학년이 되면 진로를 선택해야 하잖아요. 그래서 집에 통번역대학원을 가겠다고 하니까 부모님이 결사반대하시면서 "그냥 취직해서 시집을 가라"라고 하셨어요. 엄마는 제가 편한 길로 가기를 원하셨는데 험한 길을 가려는 것 같아서 걱정하셨던 것 같아요. 부모님뿐만 아니라 주변에서도 반대를 많이 하시더라고요.

Q 주변의 반대 때문에 대학교 졸업 후 통번역사의 꿈을 내려놓고 바로 취직을 하신 건가요?

네. 토익, HSK 시험을 보고 일반회사에 들어갔어요. 굉장히 힘들게 들어갔는데 막상 하는 일은 참 별로였던 것 같아요. 제가 처음 배치된 곳이 철강 분야였는데 상무님 앞에 자리 배치를 해주시면서 중국 시장 조사 업무를 주셨었죠. 근데 중국어를 특별히 쓸 일이 없는 거예요.

철강 분야 단어들만 보다 보니 실생활에서는 쓸 일이 없고 오히려 바이어가 오면 관광통역 간 하니까 답답했어요.

어느 날 중국 바이어들이 회사를 방문했는데 저는 그 회사의 배경지식이 아예 없는 상태에서 필기도구도 없이 "너 들어와" 해서 회의실로 들어갔어요. 근데 갑자기 저한테 통역을 맡기시면서 자기네들끼리 알아듣는 말을 길게 이야기하고 모두가 저를 쳐다보면서 통역해주기만을 기다리고 있었어요. 그 당시에는 통역 메모리가 뭔지도 몰랐고 듣긴 들었는데 갑자기 통역하라니까 버벅거리고 말을 잘하지 못했죠. 그때 중국 바이어분이 판단을 빨리하시고 중국어가 아닌 영어로 회의를 진행하시더라고요. 결국 영어로 회의를 하게 되고 "너는 나가라"라는 말을 듣게 되었어요. 그때 굉장히 충격을 받았었어요. 내 실력이 이것밖에 안 되나? 나 정말 통대 가고 싶었는데... 충격을 받고 '통대로 가야겠다'라고 결심을 하게 되었어요. 집에다가 얘기도 안 하고 사표부터 던졌어요. 그 전에 고민을 굉장히 많이 했지만 마음이 서니까 실행력이 생기더라고요. 바로 사표를 낼 정도로 통대를 들어가고 싶다는 간절함이 있었던 것 같아요. 이거 아니면 안 된다는 그런?(웃음)

Q 2년 간의 통번역대학원 생활을 5글자로 표현한다면요?

'즐거웠었다', 내가 해야 하는 일은 공부밖에 없었고 내가 원하는 공부를 시작한다는 것에 대한 행복감이 컸어요. 하고 싶은 공부도 시작하고 또 저희 3기에 활발한 사람들이 많았어서 학교생활이 재미있었어요.

일단 너무 즐거웠어요.

**Q 통번역대학원을 다니실 때
　외부 통역 일을 많이 나가셨나요?**

그 당시에 동기들은 통역 아르바이트도 많이 나갔어요. 근데 저는 한 번도 안 나갔던 것 같아요. 저는 오히려 동기들이 신기했어요. 학교 다니는 동안에는 공부하는 게 맞다고 생각했거든요. 그래서 외부에서 통역을 하게 되면 주로 규모가 큰 행사 위주로 나가려고 했었어요. 그때 며칠 동안 학교도 빠지고 APEC 정상회의 자원봉사를 나갔었어요. 국제회의 현장에 내가 있다는 것 자체만으로도 정말 행복했죠.

**Q '통역 실력은 스터디의 양과 비례한다'는 말이 있는데
　학교 다니실 때 스터디 비중은 어땠나요?**

저는 딱 해야 할 것만 했어요. 반끼리 하는 동시통역 스터디. 이건 당연히 해야 하는 거고 순차통역 스터디는 하나밖에 안 했어요. '차라리 혼자서 인풋을 많이 하자'라고 생각해서 2학년 1학기까지는 혼자 공부를 더 많이 했어요.

**Q 통번역대학원을 다니실 때
　가장 행복했던 기억이 있나요?**

특별히 좋았던 기억은 없지만 전 마냥 행복했어요. 건강 빼고는? 캄캄한 학교 지하에서 생활하다 보니 시력이 급격하게 떨어졌어요.

즐겁기는 했지만 은연중에 스트레스를 많이 받았죠. 특히 졸업시험. 무조건 통과해야 한다는 스트레스를 엄청나게 받았어요. 그래서 위(胃)가 상하더라고요. 그때 위가 상하고 나니까 조금만 스트레스를 받으면 지금도 쉽게 위가 아파요. 그거 하나 남았어요. 위 아픈 거. 학교를 그만두니까 시력은 바로 좋아지더라고요. 졸업하고 나서는 술도 엄청나게 마셨어요.(웃음)

**Q 통번역대학원을 다니실 때
자신의 부족한 실력으로 인한 좌절을 경험하신 적 있나요?**

저는 살면서 아직 큰 좌절을 겪어보지는 않았어요. 아직까지는. 물론 '내가 실력이 안 되는구나'라는 자괴감에 빠질 때가 있기도 하죠. '다른 동기들은 저렇게 잘하는데 나는 왜 이러지?', '왜 난 저게 안 될까?' 이러면서요. 근데 그럴 때는 더 열심히 하는 수밖에 없어요. 더 했는데 안 되면 내가 어떻게 할 수 없는 거잖아요. 나는 최선을 다했는데 아닌 건 내 것이 아닌 거죠. 나는 나의 길을 가련다. 저는 좀 그런 것 같아요.

**Q 통번역대학원 입시 준비생 혹은 재학생이
통번역 실력 향상을 위해 좀 더 집중해야 할 부분이 있나요?**

상투적일 수 있지만 내실을 다져야 한다고 생각해요.

결국 더 멋있는 통번역사로 성장하기 위해서는 자신의 모국어 공부를 열심히 해야 한다고 생각해요. 사실 우리가 모국어를 사용할 때 어법에 맞지 않는 표현도 쓰고 비속어도 쓰고 은어도 쓰잖아요. 근데 이 일을 하면 할수록 모국어에 대한 중요성을 많이 느껴요. 우리가 외국어를 생업으로 하다 보니 외국어 구조에 얽매여서 표현하는 경우가 많아요. 근데 모국어가 잘 잡혀있으면 다른 언어도 쉽게 할 수 있어요.

Q 통역할 때 가장 신경써야 할 부분이 있나요?

모든 통역은 처음과 끝이 중요한 것 같아요. 처음에 우물쭈물하면 계속 말리거든요. 정말 옆에서 누가 툭 치면 나올 정도로 완벽해야 한다고 생각해요.

**Q 통번역대학원 졸업 후
　　진로에 대한 고민은 없으셨나요?**

졸업 시험을 보고 나서 12월 한 달은 정말 신나게 놀았어요. 술을 잘 먹는 타입도 아니었는데 술을 엄청 많이 마시고 사람들도 많이 만나고 그랬었죠. 그리고 나서 1월에 바로 주칭다오 대한민국 총영사관에 취직이 되어서 그 당시에는 진로 고민은 따로 하지 않았던 것 같아요. 원래 꿈은 프리랜서였는데 타이밍이 바로바로 맞았어요. 운이 좋았던 것 같아요. 그 당시 영사관에 전문 통역사가 없어서 칭다오에서 통번역 일을 정말 많이 담당했어요.

근데 한국으로 완전히 들어오고 나서 고민이 시작됐죠. 만약 학교 졸업 후에 프리랜서로 바로 활동을 시작했으면 다양한 분야를 섭렵할 수 있고 또 여러 가지를 시도해 볼 수 있었을 텐데... 그리고 외교부에서는 통역 일만 맡은 게 아니라 예산, 서무도 같이 했으니까.

Q 통번역대학원에서 가르쳐주는 통번역과 실무는 정말 다른데 주칭다오 대한민국 총영사관에서 맡았던 업무 중에 가장 기억에 남는 통번역 업무가 있나요?

영사관마다 당직 전화를 받는 업무가 있어요. 주말에 어떤 사건 사고가 터지면 영사관으로 긴급 전화가 오는데 그런 긴급 전화를 받는 업무. 제가 긴급 전화를 받는 날이었는데 새벽에 전화가 왔어요. 뭐라고 이야기를 하는데 못 알아듣겠는 거예요. 지금 한국 어디에 있는 한국 기자인데 그쪽(중국)에서 난 사고가 어떻게 됐는지 아느냐고 물었었어요. 그래서 확인을 해보니 중국 옌타이(烟台) 앞바다에서 배가 침몰했는데 한국 선원들이 모두 실종이 된 상황이었어요. 그때 안개가 심했다고 해요. 저는 부총영사님을 모시고 3시간 넘게 차를 타고 옌타이로 갔어요. 비상대책반이 세워지고 그때 사건 브리핑이 있다고 해서 저는 지원반으로 가게 되었어요.

중국 측에서 조선족 여자분을 사건 브리핑 통역으로 세웠는데 그분도 정확한 내용을 모르는 상태에서 그 브리핑 자리에 선거죠. 급하게 통역을 구해서 마이크를 잡게 한 것 같아요. 근데 그분도 사건에 대한 아무런 정보가 없는 상태에서 통역을 하려고 하니까 말이 나오지 않았던 거죠. 그때가 한국에서 실종자 가족분들이 다 오신 상태였거든요. 실종자 가족분들에게 한국어로 상황 설명을 해드려야 하는데 바로바로 통역이 안 됐던 거죠. 그러다 보니 가족분들이 무슨 말인지 모르겠다며 난리가 났었어요. 근데 부총영사님이 저를 갑자기 부르시는 거예요. 어쩌다 보니 실종자 가족분들 상대로 하는 브리핑에 서게 되어서 통역을 하게 되었어요. 아무것도 준비되어 있지 않았지만 그 당시에는 내가 준비되지 않았다는 마음보다는 실종자 가족들의 간절한 마음을 느꼈어요. 제가 잘하든 못하든 그게 중요한 게 아니었고 실종자 가족들을 위해서 해내야 한다는 마음밖에 없었던 것 같아요. 간절했었죠. 돈을 받고 통역할 때와는 완전히 다른 마음이었어요. 내가 이 사람들을 안심시켜준다는 마음으로, 간절한 마음으로 통역을 했으니까요. 그래서 이 사건이 칭다오에 있었을 때 가장 기억에 남아요.

Q 인하우스 통번역사는 통번역 업무 이외의 어떤 부가 업무를 담당해야 하나요?

처음에 주칭다오 대한민국 총영사관 행정원으로 일을 시작하게 됐는데 온갖 일을 다 주시는 거예요. 교육에, 정무에... 하여튼 오만가지 일을 다 하라고 하셨어요. "잡다한 일은 다 네 것이다"라고 하셨을 정도였죠. 사무실에 있는 직원은 모두 조선족이었고, 중국어를 조금 하실 줄 아는 한국 사람 한분이 사건·사고를 담당하셨어요. 다양한 업무들을 맡으면서 통번역 일도 하다 보니까 저에게는 더할 나위 없이 좋은 기회였어요. 통번역 일만 하다 보면 일이 꾸준히 있는 게 아니라서 해이해질 수 있어요. 근데 통번역 일을 하면서 추가로 회사 내부에서 진행하는 프로젝트로 나름의 결과물이 생기니까 오히려 좀 더 성취감이 있었어요. 통번역 일은 한 프로젝트가 끝나면 바로 일이 마무리되다 보니 큰 성취감은 없었는데 회사에 들어가서 세세한 파트를 맡으면서 통번역 업무까지 하니까 성과가 눈에 보여서 더 자신감이 생기고 여기서 중요한 사람으로 활동하고 있다는 생각을 했죠. 정말 대단하신 분들 사이에서 일하다 보니까 그분들의 업무수행 방식을 배웠던 것 같아요. 나중에는 연설문 초안도 쓸 수 있게 되었죠. 처음 연설문 초안을 썼을 때는 수정해야 할 부분들이 많았는데 어느 정도 시간이 지나고 나서는 인정도 받게 되었어요. 통번역대학원을 졸업한다고 해서 통번역만 하기보다는 다른 업무들도 해야 더 큰 성장을 할 수 있는 것 같아요.

Q 주칭다오 대한민국 총영사관에서 근무하시다가 한국으로 들어오시게 된 이유가 있나요?

결혼 때문에 한국을 들어와야 했어요. 근데 마침 한국으로 들어가기 전에 인사 팀장님이 칭다오에 출장을 오셨다가 '지금 VIP 한 분의 통역 백업을 해 줄 사람이 필요하니 한국에 들어오는 것이 어떻겠냐'고 제안하셨죠.

근데 막상 들어왔는데 제가 지원했던 쪽으로 배치가 안 되고 외교부 중국과로 발령이 났어요. 저는 통역 업무를 하러 왔는데 중국과에서 오히려 통역 업무를 시키지 않고 동북아 국가 전체 예산 업무를 배정하시더라고요. 게다가 중국과는 워낙 일이 많아서 초과근무가 일상인 곳이었어요.

이런 상황이었지만 비록 제 분야가 아니더라도 완벽하게 마무리하고 싶었던 마음이 컸죠. 근데 일주일에 5일은 자정까지 일을 하고 주말 근무도 하고 게다가 임신을 한 상태여서 못 버티겠더라고요. 몸이 힘든 것보다 마음이 힘들었어요. 그래서 그만두게 되었어요. 마침 주칭다오 총영사관에 있을 때 같이 일한 법무부 영사님 지인이 법무법인을 새로 차리셨는데 중국팀을 만들려고 하니 거기 팀장으로 와서 통번역 업무를 해줄 수 있는지 그리고 성아 씨가 힘들 수 있으니 오후 1시부터 6시까지만 나와서 일할 수 있겠느냐고 제의를 하셨어요. 이런 제의는 제법 들어왔었는데 만삭이다 보니 모든 제의를 선뜻 받을 수 있는 상황이 아니었어요. 정말 매번 아쉬웠죠. 아무튼 외교관에 대한 환상은 없어졌어요. 너무 힘들었어서...

Q 육아와 통역/번역, 병행이 가능한가요?

음... 그래도 다른 직업보다는 조금 더 편하지 않을까요? 물론 통역 일을 나가야 하는 날에는 새벽부터 아이들을 다른 곳에 맡겨야 하는 게 힘들지만 일이 없는 날에는 아무래도 아이들을 좀 더 보살필 수 있으니까요.

아직은 아이들이 어리다 보니까 시간적 여유가 없더라고요. 저의 모든 시간을 통번역에 쏟아붓기에는 힘든 거죠. 아이들이 조금 더 컸다면 모르겠네요.(웃음) 아이들이 아프거나 하면 아직 어리기 때문에 집에서 엄마가 돌봐줘야 하니까 그게 가장 힘들죠. 그래서 아직은 적극적으로 일을 하지는 않아요. 몇 군데 고정 에이전시와 조금씩 일을 해요.

Q 결국 통번역사도 누군가의 도움 없이는 병행하기 힘든 직업이네요?

누군가가 나를 지원해주었을 때 아주 좋은 직업인 것 같아요.

저 같은 경우는 시댁이랑 친정이 다 지방에 있어서 집에 제가 없으면 애들을 돌봐줄 사람이 없었어요. 아이들을 나만큼 돌봐 줄 수 있는 사람을 구하는 게 어렵더라고요. 통번역 일을 많이 하시는 분들은 도우미 선생님을 쓰시더라고요. 근데 금전적인 부분을 생각하지 않을 수가 없는 게 제가 도우미 선생님을 고용할 정도 이상으로 벌면 그 돈이 빠져나가도 괜찮을 텐데 지금 저는 번역만 하고 있고 또 제가 통역 일을 하고 싶다고 해도 나를 당장 찾아주는 사람이 없잖아요. 어쩌다 한번 들어오는 통역 일이 있더라도 그날 당장 애들을 봐줄 사람이 없어요. 애들을 어린이집에 데려다주고 밥을 챙겨줄 사람이 없는 거예요. 아이들이 끝나는 시간에 맞춰서 집에 데리고만 와줘도 좋을 텐데... 그게 제일 큰 어려움이에요. 아이들이 어리다 보니까 마음 놓고 맡기기도 힘들더라고요. 나중에 아이들이 크고 나면 상황이 달라지겠죠?(웃음)

어린이집에 가보면 대부분 맞벌이예요. 그분들 같은 경우에는 할머니, 할아버지께서 도와주시는데 제 상황은 진짜 제가 다 해야 하는 거죠. 남편은 거의 없다고 생각하시면 돼요. 만약 누군가 도와주는 사람이 있다면 더할 나위 없이 좋은 직업인 것 같아요. 근데 통역 일은 제외하고 번역만 한다면 지원 없이도 괜찮아요.

Q 가족이 '프리랜서 통번역사', '통번역'을 직업으로, 일로 인정해주셨나요?

처음에는 거부반응을 보였어요. 남편은 육아에만 전념해주기를 바랐어요. 그래서 저는 간헐적으로 일을 했어요.

명절에 번역 일이 들어왔었는데 그 일을 받았다고 남편이 저에게 굉장히 화를 냈던 적이 있었어요. "명절인데 노트북을 붙잡고 그러고 있어야겠냐"라고 하면서 심하게 화를 낸 적이 있었어요. 근데 프리랜서 5년차가 되다 보니 어느 정도 수익이 생기니까 오히려 남편이 주말에 애들을 봐준다고 하면서 조금씩 바뀌더라고요.

남편은 프리랜서의 삶을 잘 몰랐어요. 이해를 못 했죠. 일은 일과 시간에 해야 하는 거로 생각했던 거죠. 근데 프리랜서는 다르잖아요? 그래도 지금은 남편이 저를 배려해주다 보니까 좀 더 희망이 생긴 거죠. 요즘엔 통역 출장도 편하게 다녀오라고 하면서 진정한 지원군이 되었어요.(웃음) 든든한 지원군이 있다 보니 흔들리지 않고 일에 집중할 수 있게 되었어요. 아마 아이를 키우시는 통번역사는 모두 같은 마음일 거예요.

Q 육아와 번역을 병행하다보면 지칠 때가 많았을 텐데 어떻게 지속하실 수 있었나요?

번역 자체가 활력인 거 알아요?(웃음) 애만 키우다가 일이 들어오면 희열을 느껴요. 내가 살아있구나. 진짜 그랬어요. 요즘도 그래요. 번역할 때가 너무 좋아요. 이게 나구나. 나를 실현할 수 있으니까요. 일하면서 자기가 살아있다는 걸 느끼실 거예요.

**Q 육아 때문에 하지 못 했던 '통역' 데뷔라는 꿈,
   언제쯤 꿈이 실현될 수 있을까요?**

일단 목표는 가을 시즌이에요. 그렇게 잡은 건 '1년은 준비를 해야 하지 않을까'라는 생각을 했었거든요.

작년 늦가을부터 준비하기 시작했으니까 올해 가을 시즌이면 다시 활동할 거예요. 실력이 이미 갖춰져 있다고 하더라도 제 나름의 준비 기간이 있으면 스스로 자신감을 가지고 무대로 설 수 있으니까. 솔직히 일주일만 쉬어도 말이 잘 안 나오잖아요.

**Q 통번역대학원 진학을 준비하는 사람들에게
   해주고 싶은 조언이 있으신가요?**

일단 가라. 저는 너무 좋았어요. 가서 배우는 게 많아요.

시간 관리, 약속 시간 지키는 거, 적어도 하나는 배우고 나와요. 시간약속 안 지키는 사람들 정말 많잖아요.

Q 통번역사에 대한 사람들의 인식은 어떤가요?

저는 늘 외국어를 하는 사람들 무리 안에 있었잖아요. 대학도 한국외대를 나오고 대학원도 통번역대학원을 나오고 주칭다오 대한민국 총영사관 그리고 외교부까지. 그래서 통번역사라는 직업을 아는 사람이 많았는데 전혀 다른 세상에 가면 통번역사에 대해서 잘 모르시더라고요.

"아~ 중국어~" 이러면서 돈이랑 연계해서 물어보더라고요. 제대로 모르니까 아쉽죠. 처음에는 설명하려고도 했어요. 근데 설명을 해도 이 일을 가볍게 받아들이는 건 그 사람들의 자유니까 제가 어쩔 수 없죠.

통번역이랑 중국어 하는 사람은 달라요. '중국 유학 다녀오면 그 정도는 할 수 있는 거 아니야?'라고 생각을 하죠. 외국어 조금이라도 하면 통번역한다고 말할 수 있잖아요. 사실 그게 정말 화가 났어요. 그냥 단순히 누구 한 명 도와줬다고 "저 통번역 해요"라고 하는 사람들 때문에 "프리랜서 아무나 할 수 있는 거 아니야?"라고 하시는 분들이 아직도 많으세요. 십몇 년 전에도 그랬는데 아직도 그러니 답답해요.

이제 또 기계번역이 나왔다고 하잖아요. 대중화되면 사람들이 통번역을 더 쉽게 생각하지 않을까요. 고민이 되네요. 저도 파파고가 나왔을 때 얼마나 발전한 건지 궁금해서 이용해 봤어요. 근데 전 단 한 번도 도움을 받아본 적이 없어요. 정말 단 한번도 도움을 받은 적이 없어서 안 믿어요. 난도가 높은 번역일이 들어오면 제발 기계번역의 도움을 받고 싶기도 해요. 근데 번역기를 돌리고 나면 나만 더 혼란스러워요. 아직은 기계번역은 아닌 것 같아요.

**Q 통번역을 직업으로 선택하는 과정에서
꼭 고려해야할 부분이 있나요?**

이건 통번역사가 아니더라도 모든 직업에 해당할 거예요. 일단 내가 좋아해야 해요. 돈만 보고 할 수 있는 일은 아닌 것 같아요. 2년 동안의 통번역대학원 과정은 단순히 좋아서 할 수 있는 일은 아니에요.

그리고 성향이 맞아야 할 것 같아요. 번역은 사람과 대면해야 하는 일이 아니니까 성격이 내성적이어도 혼자서 잘할 수 있을 건데 통역은 앞에 서는 걸 두려워하면 안 될 것 같아요. 물론 두려워도 극복을 할 수 있는 성격? 어느 정도 외향적인 면이 있어야 하죠. 통역도 일종의 연기잖아요. 동시통역은 부스 안에서 통역을 하니까 청중은 제 모습을 보지 못하고 목소리만 듣지만 순차통역은 무대 위에서 긴장하거나 떨어서 말을 못 하면 정말 큰일나잖아요. 정말 통역사도 연기자같은 직업이에요.

**Q 통번역사를 둘러싼 환상과 현실 사이,
가장 큰 괴리는 무엇인가요?**

괴리는 아주 크겠죠. 우리 통번역사들끼리 그러잖아요. 백조라고. 물밑에서는 엄청 바쁘게 물질하고 있는데 밖에서는 고고한 척. 겉으로는 굉장히 화려한 것 같아요.

요즘은 SNS로도 업무 현장을 많이 올리시는데 이것도 어느 정도 자기 PR이라고는 생각해요. 사진에 나타나는 모습은 정말 화려하죠. 그런데 그 사진 한 장의 통역을 하기 위해선 엄청난 준비가 필요하잖아요. 그래서 다른 통역사들의 실상이 저도 궁금하긴 해요. 매일 다른 통역 사진이 올라오는데 그 방대한 통역 자료들을 어떻게 다 보며 그 일정을 어떻게 다 버텨내는지. 선배들 말을 들어보면 부풀려지는 경우도 많다고 하더라고요.

**Q 다른 통번역사가 더 잘 나가는 모습을 보면
질투가 나시진 않나요?**

질투는 아니고 자극이 되죠. 동시통역의 기회는 쉽게 오지 않아요. 졸업하고 나서 1년 안에 동시통역을 못 할 수도 있어요. 그렇기 때문에 한 번 온 기회를 감사하게 생각해야 해요.

**Q 언어실력 향상을 위해 해외 유학이 필수코스가 되었는데요.
통번역사가 되기 위한 해외 유학, 꼭 필요할까요?**

이미 통번역대학원을 졸업했다면 다시 그 외국어 공부를 하기 위해서 외국을 나가는 게 별 의미가 없을 것 같아요. 이제 막 언어를 배우기 시작해서 중급 정도 되었을 때 해외에 나가면 도움이 굉장히 많이 되지 않을까요?

통번역대학원에 들어오고 나서는 외국에 나간다고 해서 그렇게 큰 도움은 안 돼요. 오히려 대학원 커리큘럼을 잘 따라가고 스스로 공부를 하는 게 더 맞다고 생각해요. 통번역대학원을 다니다 보면 공부하는 분위기에 휩쓸려서라도 외국어 공부를 하고 계속 새로운 것들을 배우잖아요. 최근 트렌드나 최신 정보? 예를 들면 블록체인이나 인공지능... 근데 외국에 나가서 통역과 전혀 관련이 없는, 일상적인 대화만 하는 사람들 사이에서 지내다 보면 물론 회화는 늘 수 있겠죠.

근데 우리가 회화를 하는 직업이 아니잖아요. 가끔 통역 하다 보면 중국어 조금 하시는 분들이 간섭하시거나 "어 그거 틀렸는데? 어? 그거 그 뜻 아닌데?"라고 하시는 분들도 있잖아요. 쉬운 회화 정도는 본인이 하시면 될 일이고 우리가 해야 할 일은 회화가 아니라 통역이잖아요. 우리는 전문 통역사잖아요.

Q 과거로 돌아간다 해도 통번역사의 삶, 다시 선택하실 건가요?

그럼요. 저는 너무 좋아요. '나'로 살아갈 수 있는 직업이 통번역사이기 때문에 저는 그래서 이 직업을 선택하고 싶어요. 초등학교 때부터 꿈이 동시통역사였잖아요.(웃음)

Q 새롭게 도전해보고 싶은 분야가 있나요?

한동안 남편이랑 이런 이야기를 했어요. 남편도 일반 회사에 다니다 보니 나이가 되면 퇴직을 하고 퇴직 후 생활을 고려해야 하잖아요. '나중에 게스트하우스를 하면서 살면 좋겠다' 혹은 '소규모 호텔을 인수해야 하나'라는 생각도 했어요. 그리고 제가 커피에 아주 관심이 많아요. 지금도 많이 마시고 보통 위가 괜찮을 때는 4잔을 마실 정도로 커피를 좋아했거든요. 게스트하우스를 하면서 옆에 작게 카페를 차려서 손님들에게 신선한 커피를 내려주는 상상을 하죠. 지금은 번역에 집중하는 삶을 살고 있지만 나중에 시간이 많이 나면 커피도 배워보고 싶어요.

이룰 수 없다고 꿈꾸지 말아야 하는 건 아니잖아요.
꿈은 늘 가지고 있어야 해요.

Q 김성아 통역사님의 신념은 무엇인가요?

인간의 도리를 벗어나지는 말자. 저는 정말 FM처럼 살아왔거든요. 근데 저는 그 모습이 좋고 막살아본 적은 한 번도 없어요. 오히려 막살지 않았기 때문에 제 인생에 대한 애정과 뿌듯함이 많아요. 저는 어릴 때부터 유일하게 비뚤어진 때가 고3 때였어요. 사춘기가 늦게 와서 아버지에 대한 반항심이 있었죠. 근데 비뚤어진 게 공부를 안 한 것뿐이었어요. 내가 똑바로 살면 제 아이들도 똑바로 살겠죠?

내가 정한 기준에서는 벗어나지 말자. 인간답다고 생각하는 모습에서 벗어나지 말자. 내가 생각하는 인간다움에서 벗어나지 않으면 나뿐만 아니라 주변 사람들도 그렇게 변할 것이고 나로 인해서 행복해질 수 있잖아요. 후에 아무리 비뚤어진다고 해도 다시 정도(正道)의 길로 돌아올 수 있는 그런 사람이 되고 싶어요. 어쩌다 보니까 남편의 생각도 제 생각과 굉장히 비슷해요. 자기가 손해를 보더라도 남들에게 피해 주는 걸 싫어하죠.

Q 김성아 통역사님의 10년 후의 모습은요?

어릴 때는 제가 10년 후에 이런 모습이면 좋겠다는 생각을 했었어요. 그리고 결혼하고 나서도 남편이랑 10년 후에는 이런 일을 했으면 좋겠다고 서로 이야기를 했었으니까요. 근데 제 소중한 친구가 갑자기 세상을 떠난 걸 보고 나서는 내 인생이 어떻게 될지 모르겠는 거예요.

그래서 지금은 '현실을 살자', '카르페디엠'. 지금에 더 충실해지자. 그러다 보면 10년 후에 내 모습이 자연스럽게 만들어지는 게 아니겠냐는 생각을 해요.

Q 궁극적으로 어떤 통번역사가 되고 싶으세요?

참 어려운 질문이너요. '나를 다시 찾아주시는 거'. 한 번으로 끝나지 않고 다시 찾아준다는 건 내가 그분에게 만족을 드렸다는 거잖아요. 일을 제대로 했다는 거니까.

뮤지컬처럼. 뮤지컬 같은 삶을 사는 통번역사. 계속 그 무대에 따라 어디에서도 그 배역에 맞게 연기를 할 수 있는 통번역사. 카멜레온 같은 통번역사가 되고 싶어요.

요즘도 그래요.

번역할 때가 너무 좋아요.

이게 나구나.

나를 실현할 수 있으니까요.

아마 아이를 키우시는 통번역사는

모두 같은 마음일 거예요

통번역사를 둘러싼 환상과 현실과의 괴리에 대하여

박은주

한중 통번역사

"더 나은 사람이 되고 싶어.
더 나은 내가 되고 싶은 열망."

Q 간단한 자기소개 부탁드립니다.

사람을 만나고 글 쓰는 것을 좋아하는 인하우스 통번역사 박은주입니다.

Q 요즘 어떻게 지내고 계신가요?

회사 다니고 있고 남는 시간에는 운동도 가고 취미생활도 하고 사람들도 자주 만나고(웃음) 운동은 필라테스! 필라테스를 한 지는 2년 정도 됐어.

Q 다양한 언어 중에서도 중국어를 시작하게 된 계기가 있나요?

사실 타의에 의해서 시작했지. 어렸을 때부터 내가 가고 싶은 학과는 국문과나 문예창작과였어. 중문과는 생각하지 않았던 것 같아. 우아한 프랑스어를 하고 싶었어. 그 당시에 중국이 뜨기 시작해서 주변에서 중국어를 배우라고 추천을 많이 해주셨었어. 그래서 중국어과로 진학했는데 다행히 중국어가 너무 재밌는거야. 그리고 학교에서 1년 정도 어학연수를 보내줬었어. 아무래도 현지에서 실제 대화를 하면서 배우니까 중국어에 더 빠져들었지.

Q 전문 통번역사를 하기 전에 어떤 일을 하셨나요?

중국에서 학교를 졸업하고 한국으로 돌아오니까 그때만 해도 중국어를 나만큼 하는 사람들이 별로 없었어. 그래서 내가 어디를 가든 번역이나 통역을 하게 되는 거야. 주로 번역을 많이 하게 되고 주변에서도 나한테 많이 부탁하더라. 그래서 통번역 관련 일을 시작하게 된 것 같아. 번역 에이전시에서 PM을 하기도 하고 중국어 번역을 하기도 했지.

Q 꼭 전문 통번역사가 되지 않았어도 통번역 일을 하실 수 있었는데 어떤 이유로 '전문 통번역사'라는 직업을 준비하게 되었나요?

통번역사는 오래전부터 하고 싶었던 것 같아. 대학교 도서관에서 공부하는데 문득 내가 중국어 공부를 평생 할 것 같다는 생각이 들었어. 원래 내가 호기심은 되게 많은데 끈기가 없는 편이었거든? 근데 이 공부가 재미있다는 생각이 들었어. 그 당시에 내가 영어 때문에 고민이 있어서 한국외대 다니는 언니한테 연락했었어. 그 언니가 나한테 영어를 안 할 방법이 있다는 거야. 그래서 내가 물었더니 중국어로 통번역대학원 나올 정도면 영어를 하지 않아도 충분하다는 거지. 그때는 우선 통번역대학원 입시학원 상담만 받고 대학교 졸업 때문에 중국으로 돌아갔었는데 학원에서 통번역대학원 입시가 굉장히 힘들다는 얘기를 들은 상태라 계속 고민했었어. 근데 나는 그 길이 힘들더라도 통번역사가 되고 싶고 계속 이 언어를 하고 싶더라고 그리고 내가 다른 길로 가려고 하면 누군가가 나를 다시 통번역 분야로 돌려놓는 느낌이었어.(웃음)

Q 통번역대학원 진학까지 어느정도의 시간이 걸렸나요?

대학교 졸업하고 1년, 회사 다니다 그만두고 에이전시에서 프리랜서 번역사로 활동하면서 1년. 총 2년 준비해서 통번역대학원에 진학했어.

**Q 통번역대학원 입시를 2년 동안 준비하면서
마음고생이 심하셨을 것 같은데 어떠셨나요?**

마음고생? 통번역대학원 시험에서 처음 떨어졌을 때 느끼는 마음고생보다는 '나는 이제 뭘 해야 하지?', '내가 정말 이 길을 믿고 나아갈 수 있을까?'라는 고민을 했었어. 20대 초중반에는 나 스스로 가치관 확립이 안 된 상태라서 주변 말에 많이 흔들렸던 것 같아. 보통 어른들은 비전이 있는 일을 하라고 하시거나 미래가 보장된 일을 하라고 하시잖아? 안정적인 것만 찾으려고 하고... 근데 통번역사라는 직업이 안정적인 직군에 속하는 건 아니니까. 내가 끝까지 할 수 있을까라는 생각을 계속했었어.

근데 나는 통번역대학원을 가지 않더라도 회사에서 통번역 업무 이외에는 다른 일을 하는 게 싫었어. 물론 연봉이 높으면 나의 삶이 안정적일 수는 있어도 나의 가치가 돈이나 연봉에 있지 않았기 때문에 생활이 즐겁지는 않았었던 거야. 나의 가치는 내가 하고 싶은 일을 해서 자아실현을 하는 것에 있었던 거지. 그래서 막상 시험 준비할 때는 아무 생각이 없었던 것 같아. 어떻게든 되어야 한다는 생각만 했지.

Q 퇴사 후 통번역대학원 진학에 대한 주변의 반응은 어땠나요?

일단 아빠한테는 비밀로 하고 엄마한테만 알리고 준비를 시작했었어. 근데 다행히 아빠가 공부하는 걸 되게 좋아하셔.(웃음) 그래서 "쟤는 뭘 저렇게 열심히 공부하냐"고 엄마한테 자주 물으셨는데 엄마는 계속 비밀을 지키셨어. 왜냐하면 내가 입시 준비를 한다는 걸 아빠가 아시게 되면 모든 관심이 나한테 집중되고 또 입시 스트레스도 클 텐데 다른 스트레스를 받을까봐 엄마는 염려하셨었던 것 같아. 엄마의 도움을 정말 많이 받았어.

Q 일찍 진로를 정해서 이미 그 목표에 도달한 친구들도 주변에 많았을 텐데, 그런 친구들을 보면서 '너무 늦은 건 아닐까'하고 걱정한 적은 없으셨나요?

나는 어차피 내가 늦었다고 생각했어. '어차피 난 늦었다', '난 이걸 해내지 못하면 안 된다'라는 생각이 있었던 것 같아. 꼭 반드시 해내야 한다. 이게 마지막이다. 벼랑 끝이다.

Q 장녀로서 새로운 도전을 한다는 것에 대한 책임감과 부담감도 컸을 것 같아요.

있었지. 있었는데 그래서 더 매달렸던 것 같아. 그냥 진짜 마지막이다. 입시 준비하는 동안에는 다른 생각을 하지 않았어.

오로지 되어야만 한다. 꼭 해야 한다. 그 생각뿐이었어. 친구들보다 뒤처졌다는 불안감이나 장녀의 책임감은 입시 전에 느꼈던 감정이고 입시를 시작한 이후로는 그냥 앞만 보고 직진.

Q 자신의 선택에 대한 확신이 있으셨나요?

없었지. 계속 의심이 들었지. '내가 과연 할 수 있을까?', 내가 말을 조리 있게 하거나 똑 부러지게 하는 스타일도 아니었고 사람들 앞에서 말하는 걸 좋아하는 스타일도 아니다 보니 통역에 진짜 자질이 없다고 생각했었어. 사람들 앞에 서면 머리가 하얘지고 긴장을 하다 보니까 앞에 나서기 싫어지고 통역 말고 번역만 계속하고 싶어했지. 하지만 한 가지 확실한 건 난 이 일을 할 때가 가장 행복하다는 확신은 있었어.

Q '자신의 선택에 대한 확신'은 있었지만 (번역을 제외한) '통역은 나와 잘 맞지 않을 수 있겠다'는 의심을 하신거네요?

맞아. 번역할 때는 너무 즐거웠는데 통역할 때는 스스로 자괴감이 많이 들었지. 기억이 잘 안 나는데 통번역대학원 입시학원 다닐 때는 조급함이 나한테 가장 큰 독이었던 것 같아. 통역할 때든 입시 준비할 때든 통틀어서 조급함이 가장 큰 문제였어. 차근차근 하려고 했으면 좀 더 나은 실력이 되지 않았을까? 그 당시 너무 조급했었어.

**Q '꼭 해내야 한다', '벼랑 끝이다'라는 생각이
오히려 조급함으로 자리 잡았던 건 아닐까요?'**

그것도 그렇고 무엇을 함에 있어서 다 성장하는 단계가 있는 건데 난 그 단계를 차근차근하려고 하지 않고 빨리 뛰어넘으려고 했어. 그러다 보니 내 생각대로 잘 안 되고 좌절하고 그랬지.

Q 2년 간의 통번역대학원 생활을 5글자로 표현한다면요?

'죽다 살아남', 정말 죽을 것 같이 공부했었어. 잠도 잘 못 자고 스트레스도 많았고 또 통번역대학원에 다니다 보면 매일같이 내가 한 통역이나 번역에 대한 크리틱을 받잖아? 이것 때문에 정신적인 스트레스가 너무 커서 죽을 것만 같았어. 근데 사람은 적응의 동물이라고 결국 적응이 되더라고.(웃음) '수업 빠지지 않기', '과제 다 해가기'만 지키자는 생각으로 버텼어.

**Q 통번역대학원 합격 후 다니는 첫 학기를 기억하시나요?
박은주 통역사님이 간절히 원하던 모습 그대로였나요?**

사실 첫 학기는 제일 기억이 안 나는 학기야. 근데 그때 가장 친한 언니가 하는 말이 너가 그 당시에 맨날 울면서 못 버텨낼 것 같다고 그만둬야 하는 거 아니냐고 그랬었는데. 근데 버텼지.

통대에서는 버티는 법을 배운 것 같아. 진짜 못하겠으면 그냥 버티기만 해도 되더라고. 난 졸업 때까지 버티는 게 목표였어.

Q 통번역대학원 커리큘럼을 따라가면서 가장 힘들었던 순간이 있었나요?

1학년 때 내가 동시통역 수업을 너무 못 따라가는 거야. 중한 동시통역 수업을 너무 못 따라가서 교수님한테 매일 혼나고 그랬었던 것 같아. 그 교수님한테 너가 한 번도 잘하는 모습을 보여드린 적이 없어. 그게 참 아쉬움으로 남았다고 해야 하나? 마음에 응어리로 남아있어. 감사했던 건 그 교수님이 끝까지 나를 놓지는 않으셨었어. 그래서 그런지 교수님한테 실력이 늘었다는 칭찬을 꼭 듣고 싶었어. 통역 부스에 들어가서 중한 동시통역을 했었는데 교수님이 내 통역을 듣고 계신다고 생각하니까 더 잘해야 한다는 욕심이 커서 오히려 통역에 집중을 못 하고 연거푸 실수했어. 중간에 실수를 하더라도 바로 집중해서 통역을 해야 되는데 교수님이 내 통역을 계속 듣고 있을 거라고 생각하니까 패닉이 오는 거야. 결국 학기 말까지 잘했다는 말은 듣지 못했어. 졸업시험 보기 전에 그 교수님이랑 마지막으로 서로 이야기 나눴는데 눈물이 날 것 같더라고... 졸업시험에 대한 아쉬움을 한 번도 느껴본 적이 없는데 그 교수님의 기대에 부응하지 못 했다는 마음이 아직도 응어리로 남아있는 것 같아.

Q 대학원을 다니면서 학업과 일을 병행했나요?

나는 에이전시에서 용돈 벌이 할 정도만 번역 일을 꾸준히 받아서 했어. 내 목표는 '일이 끊기지 않게끔 꾸준히 해야 한다'였어. 내가 에이전시 PM으로 일을 해봐서 그런지 일이 들어왔을 때 통번역사가 자꾸 '못 할 것 같다' 혹은 '일정이 안 돼서 안 한다'고 하면 그 통번역사한테 연락을 하지 않기 시작해. 나는 그걸 아니까 일단은 경력 한 줄 넣는다고 생각하고 꾸준히 일을 받았어. 나 혼자 못할 것 같다 싶은 분량의 번역이 들어오면 동기들이랑 나눠서 마무리했지.

**Q 통번역대학원 특성상 남성보다 여성이 훨씬 많은데
그만큼 여성들 간의 경쟁도 심했나요?**

여자들만 모여 있으니까 잡음은 나기 마련이야. 근데 통번역대학원을 다니면서 배운 것 중 하나가 상대방을 내가 원하는대로 바꾸려고 하는 욕심, 그걸 버리는 방법을 배웠어. 한창 통번역대학원 다니면서 인간관계가 너무 힘들어서 성당에 갔었는데 강론 말씀 중에 이런 말이 있었어. '우리의 대인관계가 힘든 이유는 내가 그 사람을 원하는대로 바꾸려는 욕심 때문에 마음이 힘들고 고달픈 것이다. 그리고 알고 보면 그 사람이 나쁜 사람이 아니다. 그 사람도 다 힘든 일이 있고 저마다의 사정이 있어서 그런 것이다. 나 자신을 연민으로 보듯이 다른 사람도 그렇게 보면 조금 마음이 나아지지 않겠는가', 이 말씀을 듣고 동기들을 보는 마음이 좋아지기 시작했지.

Q 통번역대학원 졸업 후 기분이 어떠셨나요?

졸업시험이 끝난 날은 정말 허무했던 것 같아. 힘이 탁 풀렸어. 모든 긴장이 풀리는 느낌? 그리고 그 다음날부터 엄마 말에 의하면 내가 똥 마려운 강아지처럼 다녔었대. 엄마한테 불안하다는 말을 자주 했었다는 거야. 엄청 바쁘게 살다가 모든 게 한가로워지니까 그런 마음이 들었던 것 같아.

Q 통번역대학원 졸업 후 겪게 되는 가장 큰 변화는 무엇인가요?

난 원래 조급함을 많이 느끼면서 살아왔었어. 근데 통번역대학원을 졸업한 이후로 오늘단 사는 게 익숙해졌어.

어차피 오늘 일을 잘해야만 내일 일을 할 수 있으니까. 그래서 걱정도, 불면증도 없어졌어. 내가 다 이겨낼 수 있을 것 같다는 삶에 대한 자신감이 생겼어.

**Q 2년 간의 통번역대학원 과정은
박은주 통역사님 인생에 '어떤 시기'였나요?**

내 인성이 완성된 시기. 그전에는 나는 내 멋대로 살았던 것 같아. 그냥 좋은 사람만 만나고 싫은 사람과는 말도 잘 안 섞였어. 싫은 티도 바로바로 내고 또 배척하고 맞는 사람하고만 지내려고 했지. 근데 통번역대학원을 다니는 2년 동안 엄청난 인내와 고난을 겪었거든. 사실 내 인생에서 가장 힘든 시기였으니까. 그 고난도, 싫은 일도 어떻게든 하려고 하고 맞지 않는 사람과도 잘 지내보려고 노력하다 보니 인간관계에서도 편안함을 느끼게 됐지. 웬만한 일에는 흔들리지 않는 강단이 생긴 것 같아. 사람 간의 마찰을 피하는 방법도 알게 되고 내 마음에 상처가 남지 않게 적당히 방어할 수 있는 내 공간이 생긴 것 같아.

어쩌면 통번역대학원에 다니는 동안 통역 일을 나가면서 많은 사람을 만나게 되잖아? 그러면서 학습되었을 수도 있겠지만 결과적으로 대인관계에서 조화롭게 사는 방법을 배운 것 같아.

특히 동기들한테서도 많이 배웠어. 같은 상황에서도 사람마다 표현해내는 반응이 다 다르더라고 그리고 동기 언니한테도 많이 배웠던 게 내가 언니한테 "매번 이해해주면 자존심 상하지 않아?"라고 물었더니

그 언니가 "걔는 어차피 안 바뀌어, 그러니까 그냥 좋은 게 좋은 거다"라고 하더라고.(웃음)

Q 통번역대학원 졸업 후, 공부에 대한 아쉬움은 없었나요?

대학원 다니면서 내가 할 수 있는 건 다 했어. 누가 뭐라고 하든지 간에 어찌 되었든 내가 할 수 있는 건 다 했던 것 같아.

조금 아쉬운 게 있다면 너무 당연하게 기억하고 있었던 지식이었는데 졸업하고 나서는 금방 잊혀지고 기억이 잘 안 나더라. 그래서 간단한 지식이라도 우습게 보지 말고 정리도 잘해놓고 아는 걸 더 확실하게 내 것으로 만들었어야 하지 않나라는 아쉬움? 나는 모든 지식을 섭렵하려고 했거든. 계속 새로운 것을 공부하려고 했었는데 차라리 알고 있던 지식을 좀 더 확실하게 알고 넘어가야 하지 않았나라는 생각을 했어.

**Q 프리랜서 통번역사와 인하우스 통번역사,
　어느 쪽을 더욱 선호하시나요?**

난 어떤 한 분야에서 꾸준히 그리고 깊게 일해보고 싶었어. 그래서 인하우스 통번역사로 일하고 싶었지. 한 분야의 전문성을 쌓고 싶다고 해야하나?

Q 졸업 직후 맡은 첫 번째 통번역 업무는 무엇인가요?

LG 전자에서 중국 시장조사, 지역분석, 마케팅 분석을 하고 중국 법인 회사와 회의할 때 쓰이는 자료를 한중 번역을 해서 넘기는 일을 주로 했어. LG 다녔을 때는 너무 좋았지. 같이 근무하시던 분들이 너무 좋았던 게 내가 하나를 물어보면 열을 알려주시는 분들이었거든. 엄청 바쁜 부서였는데도 열정적으로 알려주시고 또 챙겨주셨어. 계속 같이 일하면 좋았을 텐데 너무 아쉬웠어.

Q '전문 통번역사'로서 어떤 기준을 가지고 회사에 지원하셨나요?

나는 이 분야에서 내가 배울 게 얼마나 있는지가 가장 중요하다고 생각했어. 비록 정직원으로 입사하는 것은 아니더라도 이 회사가 통번역사를 얼마나 믿고 통번역에 필요한 정보를 얼마나 제공해주는지를 봤지. 믿고 맡겨주는 만큼 내가 그 분야에 대해서 더 깊이 알 수 있는 기회가 생기는 거니까. 근데 사실 공고를 보고는 어떤 회사인지 잘 알 수가 없지. 면접을 가서야 알 수 있는 거지.

지금 다니고 있는 KCC 중앙연구소에서는 주로 번역 일을 맡아서 하는데 좋아하는 분야라서 관심이 많아. 예전부터 전문성이 있는 번역을 해 보고 싶었어. 근데 특허 분야는 이공계열이라서 번역할 기회가 많이 안 오더라고 그래도 운이 좋게 이 회사에서 직원을 뽑을 때 이공계열이 아니더라도 중국어 통번역을 전문적으로 하는 사람을 뽑으려고 해서 관심 있었던 특허 관련 번역을 할 수 있게 되었지.

그리고 다행히 팀 분위기 자체가 통번역사를 믿어주고 또 언어에 대해서 특별한 개입이 없으셔. 이 단어의 뜻이 이렇다 저렇다 하시는 분들도 없으셔.

Q 취업 준비를 하시면서 가장 기억에 남는 면접이 있었나요?

'**은행', 잊을 수가 없어. 일단 남자 직원 6명이 앞에 앉아 계시는데 그 분위기에 압도되더라고 그리고 면접장에 들어서자마자 나한테 동시통역을 시켰었어. 장비는 물론 아무것도 없었지. 텍스트를 읽어 주셨던 분이 처음에는 굉장히 천천히 읽어 주셔서 동시통역으로 나오기보다는 순차 통역처럼 아웃풋이 나오는 거야. 근데 한 면접관이 나한테 "자, 순차 통역처럼 하고 계시는데 동시통역을 해주세요"라고 말하고 또 새로운 텍스트를 읽어주셨었어. 이미 첫 번째 텍스트에서 집중력을 다 써버려서 발호 자체도 힘들었는데 바로B로 전환하기 어려운 고유명사가 연이어 나왔었어. 그 다음에 중국어 인터뷰를 했는데 내가 무슨 말을 했는지 기억도 않나. 멘탈도 다 털리고.(웃음)

내 생각에는 그 사람들이 내가 이런 압박 속에서 버텨낼 힘이 있는가 없는가를 보려고 한 것 같아. 왜냐하면 그분이 두 번째 텍스트 읽어 주시기 전에 나한테 "긴장하지 마세요. 은주 씨 잘하는 거 알고 있습니다. 이거 어려운 거라는 거 알고 있고 잘하라는 거 아니니까 긴장하지 말고 평소 실력대로 해주세요"라고 해주셨거든. 근데 난 전혀 위안이 안 됐지. 내가 강단이 있는지 없는지를 본 것 같아.

**Q 면접을 잘 봤다고 생각했었던 회사에서
　불합격 통지를 받았었던 적이 있으신가요?**

'당연히 붙겠지'라는 생각은 안 했던 것 같아. 근데 면접에서는 떨어질 수 있어도 서류는 통과하겠지라는 생각은 있었지. 근데 당연히 서류통과는 될 줄 알았던 회사에서 서류 광탈이 된 거야. 알고 봤더니 파견직 에이전시에도 나름대로 규칙이 있더라고. 에이전시에서 회사에 파견을 보낼 때 파견 보낼 수 있는 직원의 할당량이 정해져 있는 것 같더라고. 근데 지원한 사람 중에 경력 만랩의 선배들이 있었던 거지. 지원한 곳이 통역보단 번역 경력을 중요시 한 곳이고, 난 번역 경력이 많으니 당연히 면접은 가겠지 싶었는데 서류에서 광탈 당했어. 그리고 취업을 준비하는 동안 프리랜서 통번역사로 번역 일을 하다 보니 점점 지쳐갔어. 힘들기도 했고. 하루빨리 규칙적인 생활을 할 수 있는 직장에 다니고 싶었어.

Q 통번역 분야의 면접 유형에는 어떤 것들이 있나요?

나는 매번 면접 볼 때마다 동시통역을 시켰어. 통역에 자신이 없어서 통역보다는 번역에 더 승산이 있다고 생각했는데 오히려 번역을 필요로 하는 회사에서는 나를 안 뽑아서 결국 동시통역이 필요한 회사에 가서 면접을 봤어. 처음 **은행 면접에서 동시통역을 해보라고 했을 때는 심장이 쿵 떨어지는 것 같았는데 그 다음 면접 봤을 때는 이 회사도 동시통역을 시킬 수도 있겠다는 마음의 준비를 하고 갔었지.

그리고 지금 다니는 회사 면접에서는 중국어 텍스트를 보고 바로 한국어로 시역해보라고 하셨었어. 시역, 메모리, 동시통역, 순차통역, 회화 등등 면접에선 어떤 게 나올지 모를 정도로 다양하게 보더라.

Q 회사에서 통번역사를 채용할 때
언어 외에 가장 중요하게 보는 것은 무엇인가요?

인성 면접을 중요하게 봤었던 것 같아. 그 팀과 잘 어울리는지를 보는 것 같아. 자기 기업이랑 잘 어울리는 분위기를 뽑는 거지. 기업은 정규 채용에서도 1차 테스트로 인·적성 검사를 볼 만큼 단체에 잘 어울릴 사람을 중요시하니까 통번역사를 뽑을 때도 사실 이 부분을 무시 못하지.

Q 갓 졸업한 대학원생이 회사를 지원할 때
'이것만큼은 꼭 고려했으면 좋겠다'라는 부분이 있나요?

자기가 나아갈 방향성은 있어야 할 것 같아. 내가 어느 분야의 전문성을 쌓을 것인지에 대한 목표가 확실해야지.

만약 인하우스로 들어간다면 내가 여기서 '어떤 것'을 키워서 나올지가 명확해야 해. 만약 사회생활을 한 번도 해본 적 없는 사람이라면 여기서 사회생활을 배우고 나온다든지? 어찌 되었든 뚜렷한 방향성이 있어야 장기적으로 봤을 때 커리어에도 도움이 되지 않을까? 그리고 장기적인 목표와 단기적인 목표를 동시에 세워야 해.

Q 인하우스 통번역사의 삶을 5글자로 표현한다면요?

항상 일할 때마다 느끼는 건데 내가 몰라서 간과하는 부분이 있을까봐 매번 아슬아슬해. 그래서 끊임없이 스스로를 의심하고 확인하려고 하는 것 같아. 최근에 특히 도료 설명을 중국어에서 한국어로 번역을 하는데 중국어 문장 자체가 아무리 찾아도 마침표가 없고 계속 쉼표로 이어지는 거야. 내 생각에는 그냥 말하듯이 의식의 흐름대로 글을 쓰셔서 보내신 것 같아. 게다가 사전으로 찾아서 나오는 단어는 단 하나도 없었어. 업계 사람들한테 이 단어가 이 업계에서 쓰는 단어인지 그리고 제대로 맞게 번역을 한 것인지를 끊임없이 묻고 확인하는 과정을 겪은 것 같아.

나 혼자만의 능력으로 100% 확신을 가지고 할 수는 없었던 거지.

Q 인하우스 통번역사의 장점은 무엇인가요?

그 분야에 대해서 정통한 사람의 도움을 받을 수 있다는 것. 프리랜서로 일하다 보면 업계 내에서 이 단어는 어떤 용어로 쓰이는지 바로바로 알 수가 없는데 인하우스로 일 하다 보면 주변에 다 전문가들이니까 바로 확인하고 물어보고 또 그걸 기반으로 해서 번역을 수정할 수 있어.

무엇보다 내가 몰랐던 사실을 확실히 알게 되니까 좋은 것 같아.

Q 인하우스 통번역사의 단점은 무엇인가요?

아무래도 통번역 업무가 없을 때도 있는데 그럴 때도 자리를 지키고 앉아있어야 한다는 점. 일이 없는데도 회사에 묶여 있어야 한다는 거.

Q 현재 인하우스 통번역사로서의 삶을 만족하시나요?

응. 원했던 삶을 이루고 있는 것 같아. 특허 관련 번역은 내가 배우고 싶었던 그리고 한 번쯤 경험해보고 싶은 분야였어. 그래서 이 분야에서 어떤 이공계 지식이 필요할지 궁금했었어. 사실 나는 이공계 배경지식이 없다 보니 아직 이해하기가 힘들기는 해. 얼마 전에 공장에 통역을 다녀왔는데 이 분야에 대해서 아직 잘 몰라서 중국인 연구원이 기계를 설명해주실 때마다 나도 현장에서 이해하면서 통역을 하게 되는 거지. 한국어로 들어도 이해할 수 없는 과학적 지식을 통역할 때 상대방이 내 통역을 이해하지 못하면 갑자기 심장박동 수가 올라가고 '내가 통역을 잘못했나' 싶은 생각이 드는 거야. 모든 게 다 내 잘못인 것 같고 죄책감이 들지. 근데 여기는 좋은 게 중국어를 하시는 분이 거의 없기 때문에 내가 이해하고 통역할 때까지 기다려주셔.

이전 직장에서 일할 때는 중국어를 조금 하실 줄 아는 분이 있었는데 통역 중간 중간에 끼어드셔서 오히려 집중력이 흐려져서 통역하기가 힘들었거든.

Q 통번역이 아닌 다른 분야에도 관심이 있으신가요?

또 다른 전문성 있는 직업을 갖고 싶어. 예체능으로 가져볼까 해. 글 쓰는 걸 좋아해서 작가도 생각해봤는데 내가 무슨 글을 써야 할지 아직 정하지는 못했어. 죽기 전에 책을 한 권 내는 게 꿈이기도 하고. 요새 취미로 시작하려는 건데 캘리그라피랑 젠탱글. 펜으로 동일한 패턴을 그리는 기술인데 상하이에서 관련 세미나가 열려. 그 세미나를 들어야 강사 자격증을 취득할 수가 있대. 그래서 참여할 계획이야.

**Q 과거로 돌아간다 해도
  통번역사의 삶, 다시 선택하실 건가요?**

응, 더 일찍 시작할 것 같아. 최대한 지체되는 시간을 없애고 이 시장으로 진입했을 것 같아.

**Q 선배로서 취직을 준비하는 후배들에게
  해주고 싶은 조언이 있다면?**

일단 학교에서 배웠던 기술을 계속 연습했으면 좋겠어. 취업한다고 이력서 넣는 것에만 몰두하는 것보다는 통번역대학원에서 전문적으로 통번역 트레이닝을 받았으니까 좋은 기회가 왔을 때 놓치지 않으려면 통역 기술이 뒤처지지 않도록 스스로 계속 연습을 하는 게 좋을 것 같아. 실력을 유지하기 위한 연습을 해야 해.

사실 이력서 넣는 시간은 조금만 투자를 하면 되니까. 불안해하기보다는 연습을 하는 시간을 가졌으면 좋겠어.

**Q 통번역사를 둘러싼 환상과 현실 사이,
　가장 큰 괴리는 무엇인가요?**

나는 통번역사의 삶이 안정적이지 않고 힘들 거라는 현실을 이미 알고 있었어. 그래서 각오도 했었어. 근데 내가 생각한 가장 큰 괴리는 졸업했는데 내 실력이 이것 밖에 안 될 줄은 몰랐어. 그렇게 고생했는데 내 실력이 이 정도라니. 중국에서 오래 살다 온 사람을 이길 수 없다는 생각이 지배적이었지. 통번역대학원을 졸업해도 중국에서 오래 살다 온 사람들과 큰 차이가 없다는 거? 어쨌든 졸업하고 나서 내가 생각한 만큼 실력이 나아지지 않았다는 거.

Q 통번역사의 전망은 어떨까요?

직업에 대한 전망을 이야기하는 걸 정말 안 좋아해. 왜냐하면 내가 어렸을 때 작가를 하고 싶어 했었다고 했잖아. 그때 어른들이 작가는 전망이 좋지 않다고 해서 중국어를 선택했고 또 내가 중국으로 유학을 갈 때 중국어만 확실하게 해서 한국으로 돌아오면 취업은 보장될 거라고 했어. 근데 한국으로 돌아와 보니 한국 취업 시장이 너무 달라져 있는 거야. 다른 사람들과 비교 했을 때 내가 비록 해외를 다녀왔다고 해도 너무 우물 안 개구리 같다고 생각했어. 그리고 예전에는 전망이 밝지 않다던 국문과 같은 경우에도 이제는 국문과를 나와서 할 일이 훨씬 많이 늘어났거든. 국문과로 할 수 있는 직업은 작가가 다였는데 한국에 돌아와 보니 사람들이 글에 대한 열망이 커져 있더라고. 콘텐츠에 대한 열망이랄까. 글을 쓸 줄 아는 사람들이 할 수 있는 일이 굉장히 많아져 있었어. 그런데 중국어만 잘해서 한국으로 돌아오면 된다는 어른들의 말만 믿고 중국어만 했는데 내가 돌아왔을 때는 중국 취업 시장은 이미 포화상태여서 미래가 안 보이는 거야.

그래서 전망은 내 안에 있다고 생각해. 내가 그 길을 갔을 때, 새로운 시장을 개척할 수 있느냐 없느냐, 열정이 있느냐 없느냐가 중요하다고 생각해.

만약 누구나 할 줄 아는 통번역만 한다면 그 사람의 앞은 어둡겠지. 그리고 미래가 없겠지. 왜냐하면 이미 훌륭하신 선배들이 얼마나 많아. 근데 언어 한 가지를 할 줄 안다는 것 자체가 그 언어를 사용할 수 있는 시장에서 새로운 기회를 찾을 수 있다는 것을 의미한다고 생각하거든.

그래서 전망은 모두 자기 하기 나름.

Q 통번역사로 롱런할 수 있는 비결이 있을까요?

지적 호기심. 세상에 대한 호기심이 계속 있어야지. 뭔가 새로운 게 나오면 깊게는 아니더라도 얕게라도 알려고 하는 자세. 통번역사로 일을 하게 되면 내가 언제 어떤 분야의 일을 받게 될지 모르니까 다양한 분야에 바로바로 대응할 수 있으려면 지적 호기심이 있어야 빨리 적응할 수 있지 않을까. 일이 없는 공백기에 그 지적 호기심을 발동시켜야 하는 거지. 트렌드를 읽을 수 있는 능력.

Q 박은주 통역사님에게 중국어는 어떤 존재인가요?

나와 떼려야 뗄 수 없는 사이. 한 때는 떼고 싶었던 적도 있었어. 대학교 졸업하고 영어가 적성에 안 맞아서 중국어 통번역대학원 진학을 생각하게 되었다고 했잖아? 근데 그게 올바른 선택이 아니었다는 사실을 알았을 때 그러니까 영어는 꼭 해야만 하고 피할 수 없다는 것을 알았을 때 그리고 중국어는 결국 메인이 될 수 없고 플러스 알파라는 사실을 알았을 때, 내가 다른 사람보다 중국어를 더 잘한다고 해서 특기를 가진 것이 아니라 내가 다른 업무나 언어를 잘했을 때 중국어는 플러스 요인으로 작용한다는 것을 알았을 때, 그때는 중국어를 내 인생에서 떼어내고 싶었어. 난 그동안 뭘 하면서 지낸 거지?

그리고 난 왜 중국에 가서 그렇게 고생을 하면서 지냈을까라는 생각이 들었어. 나중에는 너무 억울한 거야. 중국어를 그렇게 했는데 생각한 것보다 기회가 많지 않다는 것을 알았을 때 떼고 싶었지…

근데 어쨌든 중국어는 좋아. 재밌어. 중국어 그 자체에만 집중하기로 한 다음부터는 나와 떼려야 뗄 수 없는 사이가 되었지.

Q 자신을 색깔로 표현한다면 어떤 색깔로 표현하고 싶으신가요?

통번역사라는 새로운 삶에 도전하기 전에는 흐리멍덩한 색이어서 다른 어떤 색이 개입하면 금방 내 색깔을 잃어버리고 확 물들어버릴 것 같은 색이었어. 근데 통번역사의 삶을 살면서 확실한 나의 색깔을 갖게 된 것 같아. 내가 좋아하는 색이 떠오를 수밖에 없지만, 내가 좋아하는 색은 진한 다홍색. 내가 좋아하는 색을 점점 더 닮아가는 과정에 있는 것 같아. 그리고 이 색을 유지해야겠다는 생각도 들고.

Q 요즘 가지고 있는 고민은 무엇인가요?

해야 할 일과 하고싶은 일 사이에서 고민해.

하고 싶은 일은 적당히만 하고 해야 할 일을 해야 하는데 자꾸 해야 할 일을 안 하려고 하고 외면하고 있지. 이제 회사 다니면서 돈도 버니까 내가 하고 싶은 취미생활도 하면서 놀고 싶다가도 통번역사로 계속 활동하려면 중국어 공부도 꾸준히 해야 되잖아? 중국 서적이나 콘텐츠도 많이 봐야 하고 통역 연습도 해야 하는데 그게 잘 안 되더라고. 쉐도잉이라도 많이 해야 할 텐데.(웃음)

Q 어떤 사람이 되고 싶으신가요?

더 나은 사람이 되고 싶어. 더 나은 내가 되고 싶은 열망.

Q 구체적으로 예를 들자면요?

하루하루 순간순간을 충실히 사는 사람. 실수나 실패가 있을 수 있지만 게으름이나 두려움으로 포기하는 일은 없어야 하지 않을까? 만약 스스로 '오늘 하루는 푹 쉴 거야'라는 확고한 판단에 의해서 휴식을 취하는 거면 모르겠는데 게으름에 의해서 늘어지는 건 지양해야 한다고 생각하거든. 이 두 가지는 차이점이 아주 크다고 생각해.

**Q 만약 여행을 떠날 시간이 주어진다면
　어디서, 어떻게 시간을 보내고 싶으신가요?**

한 번도 가본 적 없는 나라의 한 가게에서 일을 해보고 싶어. 마치 윤식당처럼? 일단 여행을 간다는 것 자체가 나를 완전히 다른 장소에 내어놓는 거잖아? 여행을 다녀오면 마치 꿈을 꾸다가 돌아온 기분이 들어서 기왕 꿈 같은 시간에 더 꿈 같은 생활을 해보는 거지. 내가 그 나라의 언어를 구사할 수는 없을 테지만 그냥 꿈이니까 부딪쳐보고 싶어. 난 좀 도전적인 것 같아. 새로운 상황에 계속 나를 던져보고 싶어. 안주하는 삶 자체를 스스로 못 견뎌 해. 그래서 사실 회사에서 일하는 게 안 맞는다고 생각이 들 때도 있어. 인하우스 통번역사라서 좋은 건 딱 하나뿐이야. 규칙적인 생활로 인해서 패턴이 맞춰진다는 것. 혼자 있다 보면 규칙이 쉽게 무너지거든. 근데 그거 이외에는 한 회사에만 오랫동안 붙어 있다는 건 너무 답답하게 느껴지는 것 같아.

Q 10년 후의 자신의 모습을 그려본 적이 있나요?

10년 후에는 출판 번역을 하고 있었으면 좋겠고 글쓰기에 대한 구체화된 계획이 있었으면 좋겠고 또 평생을 함께할 사람이 있었으면 좋겠어.

Q 사랑하는 가족들에게 한 마디 해주세요.

나 스스로는 내가 훌륭하다고 생각하지 않는데 항상 못난 딸 훌륭하다고 자랑해주시고 지지해주셔서 감사하고 이런 감사함에 보답하기 위해서 더 노력할게요.

Q 이 책을 읽을 독자들에게 한 마디 부탁드려요.

일단 언어를 배운다는 것 자체가 그 나라를 온전히 다 받아들이는 과정이기 때문에 그 나라에 대한 애정이 얼마나 큰지도 중요한 부분을 차지하는 것 같아. 그리고 그 언어에 대한 예민함도 아주 중요해. 같은 상황이라도 나라마다 표현하는 방식이나 언어의 차이 그리고 시각의 차이가 있을 텐데 단순히 외국어로 말하는 게 재밌어서 시작하기보다는 이 문화에서는 이 단어를 왜 이렇게 표현하는지에 대해서 고민하고 또 그만큼의 안목을 가지고 이 일을 해야 할 것 같아. 알파고가 언젠가 통번역사를 대체 할 수 있다고 하는데 알파고가 대체할 수 있을 정도의 통번역만 하겠다는 생각으로 뛰어들어서는 안 될 것 같고 통번역을 발판으로 삼아서 새로운 시장을 개척해야 할 것 같아.

나는 통번역사의 삶이 안정적이지 않고

힘들 거라는 현실을 이미 알고 있었어.

각오도 했었어.

전망은 내 안에 있다고 생각해.

내가 그 길을 갔을 때

새로운 시장을 개척할 수 있느냐 없느냐,

열정이 있느냐 없느냐가 중요하다고 생각해.

통번역사를 둘러싼 환상과 현실과의 괴리에 대하여

박 소 정

한일 국제회의 통역사

"저는 통번역사가
대우받는 직업인 줄 알았어요.
통번역사라는 미명 하에
아르바이트생."

Q 간단한 자기소개 부탁해.

통번역대학원 한일 통번역과를 졸업했고요. 현재 경기도에 있는 한 기업에서 인하우스 통번역사로 일하고 있습니다.

Q 요즘에 어떻게 지내고 있어?

일단 직장 다니면서 영어 공부를 하려고 해요. 지금은 특정 언어만 하고 있는데 영어까지 하면 확실히 베네핏이 많을 것 같아서 한 살이라도 어릴 때 영어를 하려고 해요.

Q 영어 공부도 되게 다양하잖아. 문법? 회화? 자격증?

토익은 기본적인 시험이라 토익보다는 회화를 하고 싶어서 일본어 공부했을 때와 완전히 똑같이 공부하고 있어요. 일본어 쉐도잉 연습하는 것처럼 영어 공부어도 그 방법을 적용하고 있어요.

Q 일본어를 공부하게 된 계기는?

저는 굉장히 단순한 마음으로 일본어를 시작했어요. 제가 일본 게임을 굉장히 좋아했는데 게임 스크립트가 굉장히 어렵더라고요.

혼자 일본어 공부를 한다고 해서 게임을 완벽히 소화할 수 없겠더라고요. 그때가 고3이었는데 전문적으로 일본어를 공부하면 게임도 잘할 수 있겠다고 생각해서 대학을 일본어 전공으로 가게 됐어요. 일본어로 취직을 해야겠다는 생각은 없었어요.

Q 어학연수, 교환학생으로 일본에 가보고 싶지는 않았어?

네. 회사 면접을 보면 사람들이 저에게 "유학 갈 생각 없었어요?"라고 물어보곤 하는데 저는 유학 갔다 온 사람만큼 일본어를 잘한다는 자신이 있어요.

Q 해외파와 국내파의 차이가 있다면?

각자 장단점은 있어요. 사람들이 국내파와 해외파의 차이점을 굉장히 궁금해하더라고요. 국내파라서 부족한 점이 있다면 '주전자 손잡이'같이 실생활에서 쓰는 건 바로바로 말이 안 나와요. 실생활에서 접해본 적이 없으니까요.

해외파라고 하면 대부분 대학교를 해외에서 나온 경우가 많잖아요. 근데 20~25살까지가 사회생활을 처음 하는 나이인데 저는 그 시기에 한국에서 공부했기 때문에 한국의 사회 배경을 좀 더 잘 파악하고 있는 것 같아요. 어떤 분들은 '모국어 능력이 통역의 퀄리티를 좌우하는데 해외파 분들은 모국어가 부족해서 통역 퀄리티가 낮을 것이다'라고 하시는 분들도 있어요. 근데 그건 아닌 것 같아요. 물론 갓난아기 때부터 성인이 될 때까지 해외에 있었다면 분명 한국에서 교육과정을 받은 사람들보다 모국어 능력이 떨어지겠지만 대학교 때 4~5년 정도 다녀왔다면 모국어에 큰 문제가 없지 않을까요.

Q 대학교 입학 후에
   전문적으로 일본어 공부를 시작해보니 어땠어?

저는 솔직히 한국 대학교에서 언어를 체계적으로 가르쳐준 것 같진 않아요. 대학교는 단지 커리큘럼을 제공해 줄 뿐이지 제가 스스로 더 공부해야 한다고 생각했어요. 학교에서 자료를 주던 저는 혼자서 심화학습처럼 자료를 좀 더 찾아봤어요. 저는 오타쿠였기 때문에 다른 사람들과는 다르게 일본 영화, 애니메이션, 음악, 게임을 접할 수 있는 환경을 스스로 만들었어요. 그래서 대학교 때 일본어 공부를 부수적으로 많이 해서 따로 학교 공부를 하지 않아도 일본어 성적이 항상 잘 나왔어요. 만약 대학교 커리큘럼에만 따라서 일본어 공부를 했다면 통번역대학원은 엄두도 못 냈을 거예요.

조금 후회되는 게 있다면 남들이 취업 준비한다고 토익 준비를 하거나 부전공 고민을 할 때 저는 그 당시 일본어가 너무 좋아서 일본어 공부만 했거든요. 그게 조금은 후회가 돼요. 저희 학교에 국제 무역학이 있었는데 만약 그때 다른 분야의 공부를 좀 더 했더라면 직업 선택을 할 때 좀 더 폭을 넓힐 수 있지 않았을까...

Q 대학교 졸업하고 바로 통번역대학원 준비를 한거야?

저는 일본어를 그렇게 좋아하면서도 통번역대학원이 있다는 건 몰랐어요. 근데 3학년 2학기 때 '통번역의 이해'라는 수업을 들었는데 그때 담당하셨던 분이 통번역대학원을 졸업하신 분이셨어요. 처음 통번역을 접했는데 너무 재미있었어요. 그래서 통번역대학원 선배들에게 여러 가지로 여쭤봤고 또 그분들이 굉장히 친절하게 알려주셨어요. 통번역대학원에 와서 일본어 공부를 하면 굉장히 재미있을 거라고 하셨거든요. 저도 저분들처럼 살고 싶다는 막연한 꿈을 꾼 것 같아요.

Q 네가 본 그분들의 삶은 어땠어?

그때 교수님 중 한 분이 대학교에서 강의를 하고 계셨는데 교수가 아니라 비정규직 전임강사라서 이번 강의가 끝나면 이 학교에서 계약을 이어갈 수 있을지 확실치 않기 때문에 다른 일자리를 찾아야 한다고 하셨거든요. 그 당시에도 불확실한 환경이 힘들다고는 하셨어요.

Q 이미 통번역사의 삶이 안정적이지 않다는 걸 그때도 알고 있었던거네?

네. 근데 저는 통번역사가 되고 싶은 마음보다는 통번역이라는 학문을 공부하고 싶었고 또 일본어로 말을 하고 싶었어요.

막연하게 일본어로 말을 많이 할 수 있는 직업을 갖고 싶다고 생각했는데 그때 한 교수님께서 언어로 가장 높은 경지에 오를 수 있는 직업이 통번역사라고 말씀해주셨어요. 그리고 어린 나이에 약간 허세도 있어서 '어? 멋있는데?'라는 생각으로 선택했었어요.

Q 대학교 졸업 후에 바로 통번역대학원에 입학했어?

아뇨. 1년 재수했어요. 4학년 1학기 때부터 준비했는데 그해에는 떨어지고 한 번 더 도전한거죠. 지금 와서 생각해보면 대학교만 다니는 것도 힘든데 통번역대학원 준비를 어떻게 했는지 모르겠어요. 심지어 학원도 다녔거든요. 종로에 있는 학원에 다녔는데 수업이 오전 11시 30분에 끝나서 대학교 수업을 다 오후에 몰아 넣었어요. 그때 통번역대학원 입시 수업이랑 일본어 회화 수업도 병행했었는데 정말 어떻게 소화해냈는지 (웃음) 도대체 무슨 정신으로 그걸 했는지... 근데 재미있었어요. 제가 아까 말씀 드렸듯이 일본어가 좋은 게 아니라 일본어로 말을 하는 나 자신이 너무 기특한 거예요. 그거에 약간 취해서 스스로 너무 재밌다고 생각한 것 같아요. 그때는 바쁘게 사는 나 자신이 너무 멋있는 느낌도 있어서 육체적으로 힘들지는 않았어요.

Q 첫 입학 시험에서 떨어진 이유가 무엇이라고 생각해?

통번역대학원 시험이 필기랑 면접으로 나뉘어 있잖아요. 필기는 잘 봤는데 면접을 잘 못 봤어요.

대학교 마치고 바로 대학원 준비를 하다 보니 사회생활을 해본 적도 없고 회사면접을 봐 본 적이 없었거든요. 그래서 면접을 너무 솔직하게 본 거예요. 조금은 포장해서 말했어야 했는데... 교수님께서 "일본어 관련된 일 해본 적 있어요?"라고 물어보셨는데 그때 제가 일본어 아르바이트를 했던 경험이 있으니까 조금이라도 부풀려서 말하면 되는데 "저는 사회경력이 하나도 없습니다. 대학교 졸업하고 바로 들어왔습니다"라고 너무 솔직하게 말하니까 굉장히 당황스러워하시더라고요.

Q 통번역대학원 입학 면접은 어땠어? '압박 면접'이었어?

맞아요. 압박 질문이었고 분위기로 그랬어요. "일본도 다녀온 적 없는데 일본어 잘할 수 있겠어요?"라고 물어봤었는데 사실 이 질문이 너는 국내파라서 안 된다는 말이 아니라 너는 국내파인데 해외파들 속에서 어떻게 대처할 것인지를 물어보는 질문이잖아요. 그때 제가 좀 더 자연스럽게 "저는 국내파이지만 해외파보다 이러이러한 강점이 있습니다"라고 대답을 하면 되는데 "죄송합니다"라고 했었어요. 그런 대답을 원했던 게 아니셨을 텐데...

**Q 첫 시험에서 떨어진 후 두 번째 해에 보는 시험은
   어떤 방식으로 준비했어?**

똑같이 학원에 다녔어요. 일본어는 유명한 입시 학원이 두 곳이 있는데 기존에 다녔던 학원에서 첫 시험이 떨어져서 다른 학원을 갔었어요.

근데 확실히 기존에 다녔던 학원 커리큘럼이 저한테 더 잘 맞더라고요. 코리아헤럴드 학원인데 그 학원은 저까지 포함해서 소규모로 수업이 진행됐었어요. 입시 준비 1년 차에는 제가 공부를 많이 안 해서 전담 선생님과 충돌이 잦았는데 2년 차에는 굉장히 열심히 했어요. 한국외대 시험에 에세이 쓰는 게 있잖아요. 그 에세이를 하루에 10장씩 썼어요. 그 작업을 매일 매일 하니까 선생님도 인정을 해주셨어요. 음... 금전적으로는 집에서 지원을 많이 해주셨는데 지금 와서 생각해보면 조금 후회돼요. 제가 방금 열심히 공부했다고는 하지만 그렇다고 해서 온종일 공부한 건 아니었기 때문에 단기 아르바이트라도 했으면 좋았을 텐데 후회는 남아요.

Q 통번역대학원 입시 준비와 일을 병행할 수 있을까?

사실 좀 애매하기는 해요. 근데 입시 준비부터 대학원 졸업까지 3년의 세월이 지났잖아요. 그때 그 젊음으로 뭔가 또 다른 걸 할 수 있었을 거라는 생각이 들어요. 분명히 뭔가 더 할 수 있었을 거예요. 근데 그 당시에 저는 '나는 통번역대학원 준비하는 사람인데'라는 오만함이 있었어요. 아마 준비하시는 분들은 이 생각 한 번쯤은 다 해보셨을 거예요. 그 오만함이 후회되죠.

**Q 만약 과거로 돌아간다면 다른 일을 하면서
통번역대학원 입시 준비를 병행했을까?**

분명 다른 일을 했을 거예요. 100%. 그때로 돌아간다면 회사 경력을 먼저 쌓고 대학원을 준비할 거예요. 남들이 취업 준비할 때 저는 통번역대학원 준비를 했기 때문에 좀 후회는 있어요. 취업 준비를 하나도 안 했거든요

**Q 통번역대학원 입시 준비할 때
'통번역' 이외에 관심 있던 분야가 있었어?**

일본어 외에는 관심사가 없었어요. Only 일본어. 저희 동기 중에 일본 유학을 다녀오지 않은 사람은 저 밖에 없는 거로 알고 있는데 일반 국내파가 통번역대학원에 들어오려면 그 언어에 미쳐야 하는 것 같아요.

단순히 '통번역 공부해야지'가 아니라 이 언어와 문화를 너무 좋아해서 온종일 그것만 생각해야 통번역대학원을 들어갈 수 있는 정도가 되는 것 같아요. 그 언어에 미쳐야 해요.

Q 첫 시험에서 떨어진 후 두 번째 시험을 볼 때 어떤 마음이었어?

어느 대학원이든 들어가고 싶다는 마음 뿐이었어요. 언제 붙을지 모르고 기약이 없잖아요. 그때 커뮤니티에 들어가 보면 통번역대학원 졸업해도 힘들다는 이야기가 알음알음 있었기 때문에 통대 입시 시험 보고 나서 일본으로 취업하려고 준비를 나름대로 하고 있었어요. 비자도 받고 비즈니스 스쿨 등록도 다 해 놓은 상태였는데 합격 발표가 나서 다 취소를 했었죠. 그게 좀 후회돼요. 그때 제가 그냥 일본으로 취업을 했으면 내 인생이 좀 달라졌을 것 같아요. 그게 더 나은 선택일 수 있어요.

Q 통번역대학원의 커리큘럼에 대한 의견이 분분해.
　소정이는 통대 커리큘럼에 대해서 어떻게 생각해?

제가 대학교에서 통번역 관련된 수업을 들은 적 있다고 했었잖아요. 그때 들은 수업이랑 통번역대학원에서 하는 수업이 똑같았어요. 학부 통번역수업을 들으면서 '아~이게 통번역대학원 수업이구나'라고 이미 알고 있었어서 통번역대학원 커리큘럼은 마음에 들었어요.

그 중 가장 기억에 남는 수업은 순차BA 수업이요. 담당 교수님이 코리아헤럴드에서 저를 가르치셨던 분이거든요. 그 교수님 수업 스타일을 제가 좋아하기도 하지만 제가 저희 반에서 순차BA를 가장 잘했어요. 제가 통역을 하면 주변에서 "오~"하면서 감탄하는 그런 분위기였거든요. 내가 잘할 수 있는 수업이니까 좋았어요.

Q 그럼 제일 최악의 수업도 있었겠네?

진짜 말해도 돼요? 번역 수업인데 수업이 재미없는 게 아니라 교수님이 학생들을 인간적으로 모독했어요. 예를 들면 회사 경력이 없는 사람은 어떤 특정 분야의 번역을 하기가 힘든데 그 교수님이 "~ 씨는 회사 경험이 없으니까 이런 분야의 번역은 못 하는 게 당연하지. 내가 이해할게요. 들어가요", 이런 식으로 특별히 인신공격을 한 건 아니지만 학생들을 기분 나쁘게 깎아내렸어요. 같은 맥락인데 한 동기가 "제가 회사 경력이 없어서 이 번역은 조금 서툰 것 같습니다"라고 했더니 보통은 "괜찮아요. 천천히 해도 되고 다 할 수 있어요"라고 할 텐데 그 교수님은 "아니, 지금 그걸 말이라고 해요? 회사 경력 없는 게 자랑이에요? 앞으로 일하면서 상사가 시키면 그런 식으로 대꾸할 거예요? 어이가 없는 사람이네. 됐어요. 들어가요"라고 하시더라고요. 통번역대학원 들어와서 공부하는 사람들은 다 같은 마음이겠지만 잘하고 싶은 마음으로 대학원에 들어왔을 텐데 그런 말을 들으니까 그 동기가 엄청나게 속상해하더라고요. 그런 일들이 비일비재했었고 또 그 교수님은 감정 기복이 굉장히 심해서 기분 안 좋은 일이 있으면 그 감정을 학생들에게 푸셨던 것 같아요. 나중에는 학생들이 오히려 그 교수님을 무시했죠.

또 하나는 순차수업이었는데 교수님이 한 시간씩 거의 매주 지각을 했어요. 어떤 날은 30분이나 지각하고 오셔서 오시자마자 "여러분 미안한데 내가 아직 식사를 못 했거든요. 밥 먹고 올 테니까 기다리고 있어요"라고 하시고 나가셨어요. 그분은 정말 최악이었죠. 수업을 잘 가르친다, 못 가르친다의 문제가 아니라 그분은 그저 와주기만 해도 감사할 정도였어요.

**Q 통번역대학원에서 2년 동안 '과대'를 맡았었잖아.
 어떤 계기로 맡게 된 거야?**

솔직히 말하면 대부분의 사람들이 인맥 쌓으려고 대학원에 온다고 생각했어요. 그 당시 인맥을 너무 쌓고 싶었고 과대를 하면 더 많은 기회가 있을 거라고 생각했어요. 그렇지만 시작하기 전에 제가 잘할 수 있을지에 대해서 걱정은 많이 했어요.

Q 과대를 하면서 어떤 점이 가장 힘들었어?

저희 과 동기들은 저 보다 다들 나이가 많아서 배려를 많이 해주셨어요. 또 일어과라서 그런지 굉장히 '개인주의적'이에요. 그래서 저한테 "왜 이거 안 해줘?"라고 따지는 사람은 없었어요.

가장 힘들었던 건 학교 스케줄을 제가 책임지고 컨트롤해야 한다는 것. 휴강, 보강 잡는 게 너무 힘들었어요. 통번역대학원 특성상 휴·보강이 굉장히 많잖아요. 하루에 휴·보강이 몇 건씩 생기고 하나하나 체크하고 교학과 가서 물어봐야 하고 또 강의실 사용이 제한되어 있어서 타과랑 충돌하는 게 없는지 확인해야 하고, 그걸로 타과랑 몇 번 싸웠었어요. 사실 교학과에서 해야 하는 일들인데 학생들이 하고 있으니 답답했죠. 제가 일반 대학원 다니는 친구한테 제가 겪는 일들을 말 해줬더니 교학과에서 하는 일을 왜 학생이 하냐고 묻더라고요.

또 사람이 모이는 곳이니 분쟁이 일어날 수밖에 없어요. 근데 어떤 문제가 생기면 당사자들끼리 해결하면 좋은데 과대인 저한테 해결해주기를 바랐어요. 예를 들면 "애랑 재랑 싸웠는데 소정이 네가 과대니까 중간에서 화해 좀 시켜줘"라고 하더라고요. 처음에는 제가 과대니까 반 분위기를 잘 만들어야 한다는 생각에 사소한 분쟁이라도 해결하려고 노력했는데 시간이 점점 지나면서 '도대체 내가 언제까지 이래야 하지'라는 생각이 들더라고요. 제가 행정적인 건 해줄 수 있지만 그들의 관계까지 케어해 줄 수는 없잖아요. 그게 힘들었어요.

Q 졸업 후에 프리랜서 통번역사로 활동하고 싶었어?

아니요. 저는 직장 생활에 대한 로망이 있었기 때문에 나중에 프리랜서를 하더라도 무조건 직장 생활을 먼저 해야 한다는 생각이 있었어요. 정말로 프리랜서는 하고 싶죠. 근데 직장생활도 정말 하고 싶어서 졸업하자마자 프리랜서를 할 생각은 없었던 것 같아요. 남들 다 하는 직장생활 나도 한번 해보고 싶었어요.(웃음)

Q 2년 간의 통번역대학원 생활을 5글자로 표현한다면?

'잘 생각해봐', '내가 통번역대학원을 와서 얻을 수 있는 기회와 통번역대학원을 가지 않고 얻을 수 있는 기회를 놓고 어떤 쪽이 더 많은 기회를 가질 수 있을까?'라는 고민을 했어요. 아마 저 말고도 다른 분들도 많이 생각하는 부분일 거예요. 요즘에는 이런 말 많잖아요. "언어 하나 한다고 성공할 수 있는 세상이 아니야" 그 말이 너무 맞는 게 통번역대학원은 언어적 실력 이외에 어떠한 것도 키워주지 않아요. 통번역대학원은 사실 이미 다른 전문 분야를 가진 사람이 들어와서 통번역 기술을 공부하면 정말 베스트예요.

**Q 통번역대학원을 다니면서
　소정이를 가장 불안하게 만들었던 건 뭐였어?**

취업에 대한 불안감. 대학원 1학년 1학기 때부터 교수님들조차도 시장 상황이 너무 좋지 않다고 말씀하셨던 것 같아요. 통번역사는 국제 관계에 따라서 좌지우지되는 부분이 많잖아요. 그래서 교수님들도 저희한테 항상 시장 상황이 좋지 않으니 하루빨리 일자리를 찾아보라고 하셨어요. 또 "이제 일본어만 잘해서는 안 됩니다. 여러분 영어 자격증 다 따세요"라고 하셨거든요. 교수님들이 자꾸 불안감을 증폭시키니까 그 말을 들은 학생들은 회의감이 드는 거죠. 지금 대학원에서 통번역을 공부할 게 아니라 토익 학원 가서 영어 자격증을 따는 게 낫다는 생각이 들었어요. 그 불안감이 제일 힘들었어요. 저희는 실제로 토익 공부도 많이 했어요.

어차피 졸업하고 힘든 건 다 아는데 하다못해 1학년 때는 그런 말은 안 해줬으면 했어요. 힘든 건 다 알거든요. 근데 1학년 때부터 굳이 말해줄 필요가 있었나? 그게 조금은 짜증 났어요. 나중에 취업이 안 돼도 우린 모르는 일이니 미리 말해주는 거라는 뉘앙스였어요.

마치 남의 일처럼 이야기했어요.

**Q '인맥 쌓으려고 대학원 간다'라는 말도 있잖아.
　이 부분에 대해 어떻게 생각해?**

'교수 = 인맥'이라고 생각했거든요.

다른 학교는 모르겠는데 저는 교수님들이 학생들을 많이 끌어주고 양질의 기회를 정말 많이 주실 줄 알았어요. 9만 원, 10만 원 하는 박람회 통역 있잖아요. 박람회 일이 결코 나쁘다는 건 아니에요. 박람회 통역을 통해서 많이 배울 수 있거든요. 근데 교수님들이 항상 저희에게 "너무 낮은 페이 받고 통역해주면 안 된다"고 말씀하시면서 2학년 때까지도 박람회 통역 일만 주셨거든요. 근데 박람회 통역은 교수님을 통해서 일을 받지 않고서도 저희가 사이트를 통해서 쉽게 얻을 수 있는 건데 왜 자꾸 이런 통역을 주실까하는 의문이 있었어요. 그래서 통번역대학원은 정말 '각자도생'이구나. 인맥으로 뭔가를 해보겠다는 기대는 안 하는 게 좋지 않나...

저는 통번역대학원 재학생들한테 항상 강조하는 게 타 언어 통역사들이랑 친하지라고 해요. 같은 과 사람들이 인맥이 아니라 굳이 인맥이라고 한다면 타 언어 통역사들이 인맥이에요. 같은 과끼리는 좋은 인맥이 되기 힘들어요. 우선 누군가에게 일을 소개해줄 만큼 일이 많은 게 아니니까요. 낙수효과를 기대하면 안 돼요. 정말 각자도생이에요. 누가 누구를 도와줄 수 있는 상황이 아니니까요. 위 기수 선배들조차도. 한 교수님은 비성수기 때 쫄쫄 굶는다고 말할 정도였으니까요. 몇십 년 경력 있는 사람도 일이 없어서 저렇게 말할 정도면 정말 심각한 일인 거죠.

**Q 대학원 졸업하기 전에 조기취업을 했잖아.
그때 왜 그렇게 조급하게 결정을 내렸던 거야?**

졸업시험은 12월인데 제가 10월에 조기취업이 됐었거든요. 그때 졸업시험보다는 취업에 대한 고민이나 불안감이 더 컸었던 것 같아요.

'내가 취업을 너무 성급하게 결정한 건 아닌가?'라는 생각을 했어요. 그때 제가 성급했던 이유가 저희 과에서 취업 붐이 불어서 동기들이 미친 듯이 면접을 보러 다니고 입사를 고민하던 시기였거든요. 만에 하나 졸업시험에 떨어지면 죽도 밥도 안 되는 건데 싶어서 고민이 되고 혼란스러웠어요.

깊은 고민 끝에 입사했는데 얼마 지나지 않아서 퇴사하게 됐어요. 그때 제가 통번역 직무로 입사를 했는데 그 회사에서 얼마 지나지 않아서 일본어를 굉장히 잘하시는 이공계 박사님을 뽑은 거예요. 그래서 일의 무게추가 그분에게 쏠렸었어요. 회사 내부에서도 제가 애매한 입장인 건 이해하지만 어떻게 해줄 수 없다는 분위기였고 저는 통번역사로 일을 하고 싶었는데 일의 무게추가 그분에게 쏠리는 게 솔직히 자존심이 상했던 것 같아요. 그래서 이럴 거면 더 좋은 곳을 찾아서 가자는 마음으로 퇴사를 결정했죠.

Q 통번역대학원을 졸업하고 나서 어떤 마음이었어?

취업이 제일 문제였어요. 다시 취업 준비를 해야 하는데 잘 될까라는 생각이 들었어요. 그때 저희 위 기수 선배도 취업이 잘 안 됐다는 이야기를 들었거든요. 취업이 늦춰질 수 있다는 불안감이 저를 힘들게 했어요. 저는 뭔가 계획대로 될 줄 알았어요. 12월에 졸업하고 2월에 바로 취직이 될 줄 알았는데 아니더라고요.

Q 취업에 대한 불안감, 어떤 이유가 가장 컸어?

대학교 친구들의 영향이 커요. 제 대학교 친구들은 졸업 후에 바로 취업해서 돈을 벌고 있었거든요. 그 친구들이 어느 정도를 버는지는 몰라도 삶이 굉장히 안정적으로 보였어요. 나도 저 친구들이랑 놀러 다니고 이야기도 나누려면 어느 정도 수준을 맞춰야 한다고 생각했어요. 부모님은 오히려 하고 싶은 걸 하라고 하셨는데 오히려 그 말씀이 더 부담으로 다가왔어요. 부모님이 저에게 아무리 편하게 지내라고 하셔도 저희 집이 몇백 억 대의 자산가는 아니기 때문에 항상 불안감은 있었죠.

통번역대학원 들어오기 전에 부모님한테 "통번역대학원 졸업하면 먹고는 산대"라고 했는데 막상 제가 졸업하고 나니까 상황이 좋지 않다는 걸 부모님도 아시는 거죠.

Q 취업 준비할 때 가장 기억에 남는 면접이 있었어?

있었어요. 분당 쪽에 있는 대기업 면접이었는데 통번역사로 지원한 건 아니었고 일본 사업팀이었어요. 1차 붙고 2차를 봐야 하는데 2시간 동안 사장님과 일대일 면접을 봤어요. 끝나고 나니까 등이 땀에 흠뻑 젖어 있더라고요. 면접을 2시간이나 보니까 정신이 혼미했어요. 결과적으로는 최종통과를 했는데 그때 대기업 계약직으로 갈 것인가 아니면 스타트업 정규직으로 갈 것인가를 고민했어요. 저는 결국 스타트업 정규직을 선택했던 거죠. 조금 후회해요. 2시간 면접 보고 사장님이 굉장히 흡족해하셨거든요. 좋은 직장으로 취직하려고 발버둥 쳤어요.

Q '통번역 직무'로 회사 지원을 할 때 주의해야할 점이 있다면?

일본어는 일본어 통번역만 뽑는 곳은 거의 없고 통번역 겸해서 뭔가를 더 추가시켜서 뽑더라고요. 일본어 통번역 겸 사무보조? 저는 일본어와 관련된 직무는 다 지원했어요. 일본어 통번역, 일본어 통역, 일본어 번역, 일본어, 일본 이렇게 5개로 검색을 돌리면 웬만한 공고는 다 나와요. 서류 통과는 80%는 다 되는 것 같아요. 같은 값이면 다홍치마라고 회사 쪽에서도 이왕 고용하는 거 석사 쓰고 싶으신 거죠. 최종 통과는 55%?

**Q 통번역대학원 진학을 준비하는 사람들, 재학생들이
'통번역 직무'로 취업 준비를 할 때 필요한 조언이 있다면?**

꼭 말해주고 싶은 건 통번역 업무로는 정규직이 많이 없다는 것. 통번역대학원 들어오기 전에는 전 이 사실을 아예 몰랐어요. 왜냐하면 이건 아무도 알려주는 사람이 없었거든요. 이 분야가 정규직이 많이 없다는 걸 알았으면 좋겠어요. 통번역사는 공개채용을 많이 안 하고 수시 채용을 하는데 그 수시 채용도 자주 안 뜨죠.

통번역 이외의 다른 전공이 있는 사람은 그 전공을 살려서 경력을 쌓으면 좋은데 대부분 파견직이 많다 보니 나중에 이 파견직 경력을 경력 사항에 제대로 쓸 수 있을 것인가에 대한 고민을 해야 해요. 반드시 통번역 업무만 해야 하는 게 아니라면 통번역 전공을 살리지 않고 중소기업 정규직으로 들어가서 경력을 쌓는 것도 나쁘지 않다고 생각해요.

꼭 이름 있는 회사가 아니더라도 내가 좀 더 배울 수 있고 정규직으로 근무할 수 있는 곳이 훨씬 나아요.

Q 통번역사, 통번역직은
왜 대부분 비정규직, 계약직, 파견직으로 고용되는 걸까?

예민한 이야기인데 '옛날에는 그렇지 않았는데 지금은 그렇다'는 것은 그 중간과정에서 누군가 일을 잘못했나라는 생각이 어쩔 수 없이 들게 되더라고요. 예를 들면 삼성전자 통번역직이 지금은 비정규직이지만 과거에는 정규직이었다면서요. 그럼 도대체 중간에 무슨 일이 있었길래 통번역의 모든 직무가 비정규직으로 전환이 됐을까. 물론 경제가 변하고 정권이 변했기 때문에 그럴 수도 있지만 통번역으로 할 수 있는 직무가 모두 불안정한데 도대체 누구에게 책임을 물어야 할지… 솔직한 마음으로는 사회가 어려워졌기 때문에 비정규직이 많아졌다고 말할 수 있지만 단순히 이 이유 때문에 통번역사 직무가 다 비정규직으로 바뀌었다는 건 말이 안 되는 것 같아요.

무엇보다 제가 파견직을 할 줄은 몰랐어요. 왜냐하면 파견직 이미지가 안 좋잖아요. 일본에서는 파견 문제가 사회현상이 되다 보니 드라마로 만들어지기도 했는데 그 드라마를 보면 파견직이 얼마나 차별이 심한지 나와요. 근데 제가 그 파견직을 하게 되어서 자괴감이 들었어요. 내가 이 회사에서 일을 하고 있는데도 이 회사 소속이 아니라는 데에서 오는 자괴감. '그럼 난 어느 소속이지?'. 회사 정직원들이랑 같은 일을 하는데도 저는 파견된 직원이니까 소속감이 없죠. 소속감이 생각보다 굉장히 중요하더라고요.

Q '파견직 통번역사'로서 차별받은 적 있어?

사람들이 통번역대학원 석사 출신에게 가지고 있는 이미지가 있어요. 일머리가 있고 무슨 말을 해도 빨리빨리 알아듣는다. 그래서 모든 일을 당연히 알고 있겠지라는 식으로 저한테 부탁하는데 만약 잘 처리해 내지 못하면 마치 '통번역대학원 출신이라며'라는 부담감을 주시더라고요.

Q 통번역사와 언어를 잘 하는 사람, 차별화가 가능할까?

결국 훈련의 문제라고 생각해요. 일반 사원들도 통번역 훈련을 받으면 '통번역사'와 '언어를 잘하는 사람'의 차이가 없어질 수 있겠다는 생각이 들어요. 근데 전담 통번역사를 고용하시는 분들은 통번역사의 가치를 아시는데 문제는 애초에 그런 양질의 일자리는 굉장히 적다는거죠. 모든 언어를 막론하고 양질의 일자리가 너무 부족해요.

Q 만약 과거로 돌아간다면 통번역대학원에 다시 올 거야?

아니요. 절대 안 올 것 같아요. 대학원 자체를 안 갈 것 같아요. 안 가요. 아마 정기 공채를 준비하면서 면접에서 일본어를 잘한다고 어필했겠죠.

**Q '통번역대학원'을 다니면서, '통번역' 일을 하면서
　　무엇을 잃었다고 생각해?**

저는 통번역대학원에 들어오면 통번역사가 되어서 국제회의에서 멋있는 커리어 우먼처럼 살 수 있을 줄 알았아요. 근데 그 기회는 저한테까지는 오지 않을 것 같더라고요.

제 인생이 어떻게 흘러갈지 모르겠지만 그 귀중한 기회가 저에게 아예 없다고 생각하면 너무 슬프니까 우선은 그 기회가 나중에는 반드시 있을 거라고 생각하는 게 좋을 것 같네요.

**Q '통번역대학원'을 다니면서, '통번역' 일을 하면서
　　무엇을 얻었어?**

저는 통번역 업무를 하면서 체념하는 방법을 배웠어요. 모든 세상일은 내가 기대했던 것과는 다를 것이고 그 기대로 인해 실망하는 건 결국 나이기 때문에 모든 일에 기대하지 않는 법을 배웠어요. 좋은 배움이라고 한다면 좋다고 할 수 있겠고 나쁘다고 하면 나쁘다고 할 수 있는 배움인 것 같아요.

저희가 지원하는 통번역 모집/공고 중에는 석사 나온 똑똑한 애들을 쓰고 싶어서 실제로 통번역 업무가 없어도 지원자격에 통번역대학원 졸업생 혹은 통번역 업무라고 써 놓기도 해요. 그들도 알거든요. 통번역대학원 학생들이 일을 잘한다는 거…

그래서 취업 준비하실 때 이 부분을 잘 골라내야 해요. 이 회사가 통번역 업무를 필요로 하는 회사인지 아니면 통번역대학원 출신의 똑똑하고 일 잘하는 사람을 쓰고 싶은 것인가. 소년소녀가장이 아니라면 면접 볼 때 꼬치꼬치 캐물어서 통번역 업무 비중이 얼마나 되는지 따져봐야 해요.

Q 통번역사에게 꼭 필요한 자질이 있을까?

눈치. 그 분위기를 읽어야 해요. 생각보다 분위기를 읽지 못하고 눈치 없는 사람들이 많아요. 극단적으로 말하면 회의 분위기가 나쁜데 밝은 목소리로 말을 전달하면 안 되는 것처럼요.

분위기를 빨리빨리 파악하고 의뢰자의 기분을 파악해야 해요. 정말 기본적인 부분인 거죠. 언어 잘하는 건 정말 당연한 거고요.

Q 통번역사의 진짜 현실은 어떤 것 같아?

저는 통번역사가 대우받는 직업인 줄 알았어요. 통역사라는 미(美)명 하에 아르바이트생. 언어를 할 줄 아는 아르바이트생. 제 경험상 돈을 많이 받으면 받을수록 통번역사에 대한 대우는 높아져요. 업무 분장도 확실하고요. 꼭 다 그런 건 아니지만.

Q 오랫동안 통번역사로 살기 위해서 어떤 방법이 있을까?

'통역사라는 자부심을 내려놓자', 저는 그 자부심을 빨리 내려놨어요. 조금 부정적일 수 있지만 통역사가 대단한 게 아니라는 걸 빨리 깨달았고 통역사도 그냥 일반 기업에 다니는 직원일 뿐이라는 거. 스스로 '나는 통역을 하는 사람'이라고 생각하고 '통번역사 자부심'은 내려놓는 게 좋을 것 같아요.

근데 부당한 대우에 대한 개선은 필요하다고 생각해요. 불합리함 속에서 아닌 건 아니라고 말을 해야 할 텐데 '일이 끊기면 어떡하지?', '인맥 끊기면 어떡하지?', '소개해준 사람한테 폐가 되면 어떡하지?'라는 생각 때문에 참아서 악순환에 일조하고 있는 건 아닌가 싶어요. 그리고 통번역대학원, 통번역사 환상에 대해 나쁘다고 생각하진 않지만 답답하기는 해요. 나쁘다고만 할 수는 없는 게 다양한 가치관이 있는 거니까요. 근데 우물 안 개구리처럼 보인다는 건 부정할 수 없을 것 같아요.

인스타그램에 '통대라이프' 검색하면 굉장히 많이 뜨는데 이런 태그를 쓰는 분들한테 뭐라고 하는 건 절대 아니고 그냥 제 개인적인 생각인데요. 저는 '통대라이프' 라는 태그가 조금 어색하게 느껴져요. '로스쿨라이프'라고 들어봤어요? 아무도 못 들어봤잖아요. 로스쿨도 뭐가 되기 위한 과정인데 통번역대학원도 그냥 과정일 뿐이라고 생각해요. 너무 과대포장 할 필요는 없다고 생각해요. 통대라이프 그게 도대체 뭔데... 생명보험도 아니고(웃음) 이공계 대학원 다니는 애들은 더 힘들어요. 카이스트 라이프는 왜 없는 거야 도대체. 저는 이런 유의 자부심이 과연 필요한가 생각해요. 우물 안 개구리가 된다니까.

우리 직업도 그냥 세상에 산재해 있는 직업 중 하나일 뿐이에요.

Q 통번역사의 전망은 어떨 것 같아?

통번역사들끼리 우스갯소리로 이런 말 했던 적이 있거든요. 높은 사람이면 높은 사람일수록 통번역사를 데리고 다니고 싶어 한다고. 또 높은 사람들은 언어를 할 줄 알아도 직접 통역을 하면 격이 떨어진다고 생각하는 사람도 많잖아요. 그리고 사람들은 항상 책임을 전가할 사람이 필요해요. 그렇기 때문에 나쁜 전망이지만 통번역사 직업이 없어지지는 않을 텐데 장담하건대 확대되지는 않을 거예요.

언어 잘하는 사람들은 점점 더 많아질 거고 그분들이 전문 통번역사보다 업무를 더 잘하면 통번역사는 필요 없어지겠죠. 그런 시대가 분명 올 거라고 생각해요. 10년이면 오지 않을까요?

**Q 통번역대학원을 준비하고 있는 사람 혹은 재학생에게
하고 싶은 조언이 있다면?**

통번역대학원 들어오기 전에 경력이 있고 모아둔 돈이 있으면 들어오셔도 되고 만약 경력도 많지 않고 특별한 장기가 없다면 다시 한번 생각해보는 게 좋을 것 같아요.

솔직히 그냥 안 들어오셨으면 좋겠어요. 언젠가 통번역대학원 출신이 우대받지 못 하는 세상이 분명히 와요. 일반 직원들도 통역을 할 줄 아는 세상이 분명히 오거든요. 통번역사들이 통역하는 모습을 보고 '통역은 저렇게 하면 되는 거구나' 하면서 그 기술을 배울 거란 말이죠. 기술을 배워서 똑같이 구사할 수 있는 날이 분명히 오기 때문에 안 오셨으면 좋겠어요. 강경화 외교부 장관을 보세요. 그분은 통역이 필요 없으시잖아요. 강경화라는 분명한 롤모델이 있잖아요. 이제 통번역대학원을 오지 않아도 되는 거예요. 강경화 외교부 장관님께 통역이 필요하시냐고 물어봤더니 "No, problem"이라고 하셨잖아요. 사실 이 말이 통번역사의 종말을 암시하는 말이라고 생각해요. 통번역사가 없어도 되는 날이 온다니까요. 점점 고급 인재들이 늘어난다는 걸 알았으면 좋겠어요.

그리고 학교에 들어오면 교수님들께서 자신만의 분야를 키우라고 하는데 사실 통번역대학원에서 공부하다 보면 통번역 이외의 전문 분야를 배우기가 힘들어요. 나가서 취업이 되면 그게 전문 분야가 되는 건데 이것도 확실하지 않죠. 매년 배출되는 젊은 통역사들은 좋은 회사에 취업이 안 되는데 도대체 어디서 전문 분야를 키우라는 건지.. 통번역 안에서 내 분야를 찾는 게 아니라 이미 가지고 있는 전문 분야에 통번역을 플러스해야 해요. 이공계 출신은 통번역대학원 정말 추천해요. 그들은 꼭 통번역대학원이 아니더라도 대학교 졸업만 해도 길이 있잖아요. 꼭 다 그런 건 아니겠지만요.

통번역대학원에 들어왔을 때 얻을 수 있는 기회와 들어오지 않았을 때 얻을 수 있는 기회를 잘 저울질 해보세요.

**Q 통번역대학원 입학 후 지금까지,
'이것'만큼은 잘했다라고 생각되는 건?**

좋은 사람들을 만난 것. 남는 장사였다고 생각해요. 만약 기어코 통번역대학원에 들어온다는 사람이 있다면 사람들을 많이 만나고 이야기도 많이 나누면 좋겠어요. 프랑스어 통역사든 아프리카어 통역사든 그 누구든지. 자기 혼자만의 생각에 갇혀있지 말고 환상에 젖어있지 말고 냉정하게 통번역시장이 어떠한지 파악하고. 일 달라고 약한 소리도 좀 하고.

Q 요즘 뭐 할 때가 가장 행복해?

퇴근하고 와서 드라마 보는 거? TV 보는 게 유일한 낙이에요. 월화수목금 보는 드라마가 다 정해져 있어요. 저렴한 돈으로 확실한 행복을 얻을 수 있잖아요. 영화랑 연극은 돈 내야 하는데 드라마는 돈 안 내도 되잖아요. 가장 값싼 문화 활동. 그리고 내가 좋아하는 사람들에게 밥 한 끼 사줄 때.

Q 요즘 소정이를 가장 힘들게 하는 건?

회사 선택에 대한 고민. 그 회사를 가는 게 더 나았을까? 좀 더 좋은 선택들이 있지 않았을까? 내가 지금 하는 일이 내 경력에 도움이 될까? 내 선택에 확신이 없어서 힘들어요.

Q 프리랜서로 전향할 생각 있어?

제가 만약 20년 동안 사회생활을 했다면 회사 생활을 그만해도 된다고 생각하는데 만약 지금 회사생활을 하지 않는다면 건방진 거죠. 인터뷰에 없는 내용이지만 사실 저는 소설가로 대박 나고 싶어요. 저는 제 생활이 정돈되지 않으면 소설도 못 쓰는 타입이라서 남들은 놀면서 쓰라고 하는데 오히려 현실도피 같아서 잘 안 써지더라고요. 하지만 늘 생각은 하고 있어요.

Q 10년 후의 모습은 어떨 것 같아?

10년 동안 일본어 통번역사로 일했으면 이제 다른 일을 해야죠. 배운 게 도둑질이라고 일본어를 사용하면서 살겠지만 결코 일본어를 메인으로 삼아서 살고 싶지는 않아요. 전문 라이센스를 취득해서 작은 사무실을 차리고 취미 생활하면서 살고 싶어요.

Q 이 책을 읽을 독자들에게 한 마디 한다면?

이 책을 읽으실 분들은 분명 통번역대학원에 관심 있는 사람일 거라고 생각해요. 후회 없는 선택 하시길. 환상 버리시고, 빛만 보시지 말고 그림자를 더 많이 보셨으면 해요.

Q 가족들에게 한 마디 한다면?

엄마 내가 통번역대학원 간다고 쓴 돈은 꼭 갚을게. 미안해.

잘 생각해봐.

'내가 통번역대학원을 와서 얻을 수 있는 기회와

통번역대학원을 가지 않고 얻을 수 있는 기회를 놓고

어느 쪽이 더 많은 기회를 가질 수 있을까?'라는

고민을 했어요.

통번역대학원에 들어왔을 때 얻을 수 있는 기회와

들어오지 않았을 때 얻을 수 있는 기회를

잘 저울질 해보세요.

통번역사를 둘러싼 환상과 현실과의 괴리에 대하여

박유지

한영 국제회의 통역사

"통역사보다 재미있는 일은
더 많을 것 같아.
통번역사는 나의 많은
정체성 중에 하나일 뿐."

Q 간단한 자기소개 부탁드립니다.

안녕하세요. 저는 통번역 시장에 막 나온 새내기 프리랜서 통번역사입니다. 막 시장에 나와서 하고 싶은 분야를 찾아가고 있습니다.

Q 요즘 어떻게 지내세요?

바쁜 척도 조금 있는데 대학원 2학년 때부터 맡은 이니스프리 번역 일 비중이 늘어서 학생 때보다 조금 더 바빠진 것도 있고... 사실 졸업을 못 해서 후기 졸업시험(6월)까지 일이 많이 없을 거라고 생각했거든? 근데 운 좋게 1월에 1주일 동안 샤넬 화장품 통역을 맡았어. 그 후에 샤넬에서 또다시 통역 의뢰를 하셔서 지난번 통역 때 부족했던 부분을 메꾸면서 준비를 많이 하고 있어. 또 중간에 항공 분야 통역이 2박 3일로 들어왔는데 항공 분야는 처음 해보는 분야이고 특히나 생소한 비행기 기종을 바로바로 통역해야 해서 신경을 굉장히 많이 썼어. 내 통역을 듣는 분이 기자님이라 내가 말을 똑바로 전하지 못하면 취재하실 때 어려움이 있을 거라고 생각했거든. 너무 긴장을 많이 해서 통역이 다 끝나고 나서는 몸살이 나더라고. 지금은 모든 게 다 처음이니까 매번 통역 나갈 때마다 신경이 많이 쓰이는 것 같아. 통역 나갈 때마다 사전에 반드시 준비해야 하는 분량이 있어서 통역 일이 촘촘하게 있지 않아도 너무 바빠.

Q '뷰티 파워블로거'로 활동 중이신데 통번역대학원 진학 전부터 블로거 활동을 하셨나요?

대학교 3학년 때 대외활동을 할 수 있는 수단이 필요했는데 그게 바로 블로그였어. 내가 화장품을 진짜 많이 사는데 친구들한테 보여주는 것도 한계가 있으니까 블로그를 한번 시작해볼까 싶어서 시작했는데 정말 운이 좋게 빵 떴어. 그때는 싸이 블로거가 대세여서 네이버에는 몇몇의 파워 블로거 이외에 유명한 사람이 없었거든. 근데 내가 구매하는 화장품 종류가 워낙 많아서 사람들이 화장품 검색할 때마다 내 게시물이 걸어 걸리는 거야. 아마 우리나라에서 나스(NARS) 브랜드 자주 쓰시는 분들은 거의 나를 아실 거야. 처음에 게시물 올릴 때는 포토샵도 안 했었는데 오히려 그 점을 많은 분들이 좋아해 주셨어.(웃음)

Q 예전에 의류 쇼핑몰 창업도 하셨다고 들었는데 어떻게 시작하게 되었고 또 왜 그만두게 되었나요?

처음에는 3~5년 정도 잡고 재미로 시작했어. 그때 내가 25살이었고 동업하던 동생이 22살이었는데 하니도 알겠지만 20대 초반과 20대 후반의 옷 스타일이 다르잖아. 나도 그렇고 같이 동업하던 동생도 서로 옷 스타일이 달라지다 보니까 쇼핑몰 분위기가 확 바뀌지 않으면 지속할 수 없다고 생각했어. 근데 쇼핑몰을 시작할 때 우리가 가지고 있었던 '키 작고 통통한 사람들을 위한 쇼핑몰'이라는 정체성을 포기하면서까지 지속하고 싶지 않았어.

Q 파워블로거, 의류 쇼핑몰 창업 그리고 통번역대학원까지, 통번역대학원 진학은 어떻게 결정하시게 된 건가요?

쇼핑몰을 하다 보니 다른 직장인과는 달리 새벽에 나가서 일하고 평일에는 주로 쉬고 내가 원하는 시간에 일할 수 있다는 게 너무 좋았어. 그래서 이런 삶을 유지하면서 프리랜서로 살려면 어떻게 해야 할까를 고민해보니 통번역사 밖에 생각이 안 나는 거야. 통번역사가 되면 프리랜서로 지낼 수 있겠다 싶었지. 그리고 내가 아는 파워블로거 언니가 여행을 주제로 글을 쓰시고 또 번역하시는 모습이 되게 자유로워 보였어. 번역을 하려면 통번역대학원을 가야겠구나 싶어서 고민한지 반나절 만에 진로를 정하고 하루 정도 걸려서 입시학원을 결정했던 것 같아. 통번역대학원 진학은 하루, 이틀 만에 결정한 거지.

Q 통번역대학원 진학을 위해 어떠한 준비과정을 거치셨나요?

통번역대학원 시험은 9월에 있는데 5월에 입시 학원을 등록하고 일주일 3번, 2시간씩 다녔어. 한 3개월 정도 준비했던 것 같아. 그 당시에는 사실 합격할 거라는 생각은 못 했거든. 쇼핑몰 사업을 하면 공부를 할 이유가 없다 보니 공부 습관이 전혀 없었어. 그래서 첫 시험은 맛보기로 보자는 마음으로 설렁설렁 준비했는데 덜컥 붙어버린 거야. 어떤 마음이었냐면 가고 싶은 회사가 있으면 그 전에 면접 연습을 많이 하잖아? 그런 것처럼 이번 허는 연습을 많이 해보고 그다음 해에 진학할 생각이었어. 그래서 오히려 시험 볼 때 부담스러운 게 일(1)도 없었어.

Q 2년 간의 통번역대학원 생활을 5글자로 표현한다면요?

'지옥 불 구덩', 좀 자극적이지?(웃음) 통번역대학원 공부 자체도 힘든데 모든 사람들이 경쟁을 하다보니 이기적일 수밖에 없는 상황이 만들어지고 또 학교라는 공간이 좁다 보니 맨날 부딪치고 위생적이지도 않잖아. 학교 가면 되게 많이 아팠던 것 같아. 처음에 학교 갔을 때 두드러기까지 났었어. 그래서 알코올 솜이나 물티슈 가지고 다니면서 닦고 다녔어. 그냥 뭐랄까. 학교에서는 학생들한테 공부하라고 하면서 실상 공부할 환경은 만들어 주지 않고 또 학교 직원들이 처리해야 할 행정적인 업무를 학생들이 다 처리해야 하는 것도 답답했어. 그런 행정적인 업무를 처리함에 있어서 과대가 실수하면 그 밑에 있는 사람들이 모두 피해를 보는 건데 우리 모두가 우두머리가 될 수는 없는 거잖아.

근데 한영과는 처음에 과대를 잘못 뽑아서 고생을 많이 했던 것 같아. 약간 자질 없는 사람들이 과대라는 권력욕 때문에 책임감 없이 자기 입맛대로 운영하려다가 밑에 있는 사람들이 피해를 많이 봤어. 또 공부할 장소가 부족해서 공부할 곳을 두고 싸운다는 게 황당했어. 우리는 다른 학과보다 머릿수가 많으니까 인원 비율에 따라서 배정을 해줘야 하는데 그게 원활하지 않았던 것 같아. 특히 한중과 15기 과대 같은 경우에는 매번 한영과를 두고 트집을 잡아서 너무 힘들었어. 뭔가 과했던 것 같아.

Q 통번역대학원 커리큘럼 중 기억에 남는 수업이 있나요?

내가 제일 좋아하는 교수님 이야기하면 좀 그러려나.(웃음) 내가 제일 좋아했던 분은 전경숙 교수님이신데 그분은 다른 수업이랑 다르게 실제 현장에 가서 했던 내용이나 비슷한 내용으로 수업을 진행하셨어. 보통 연설문을 많이 하잖아? 근데 쥬얼리 브랜드에 대한 통역 자료를 가지고 오셨어. 내가 마케팅 분야에 관심이 많은데 유일하게 이 교수님만 마케팅 분야를 다루셨어. 다른 수업 시간에는 매번 인터뷰나 연설문 자료만 가지고 시역이나 순차통역을 했는데 실제로 통역 현장에서 나올 법한 자료로 통역 연습을 하니까 너무 좋았어. 그리고 그 교수님께서 솔직하게 본인의 경험담을 많이 이야기해 주셔서 많은 도움이 되었지.

현장에서 실력 이외에 필요한 것들을 상세히 알려주셔서 통역 에티튜드도 교수님 덕분에 많은 도움을 받았지. 전경숙 교수님께서 내신 시험 문제가 아직도 기억에 남아. 교수님께서 축구를 정말 좋아하시는데 기말고사 때 러시아 월드컵 축구선수에 관한 내용을 영한 순차통역 시험 문제로 내셨어. 그때 나 축구의 치읓 자도 몰랐는데 최선을 다해서 통역했거든. 근데 교수님이 완전 잘했다고 칭찬해 주시고 그때 A+ 받았잖아.(웃음)

또 서지연 교수님. 서지연 교수님도 한국어 원문에 대한 의심을 많이 하셔. 그리고 우리 학교 선배님이라 우리의 고충을 많이 이해해 주셨어. 교수님은 항상 통역하실 때 상대방을 많이 배려하시는 것 같아. 어떤 단어를 선택해야 청중들이 듣기 편한지에 대해서 많은 가르침을 주셨어. 그리고 굉장히 통통 튀시고 본인의 스타일이 확고하셔서 보기만 해도 기분이 좋아지는 그런 분이야. 반짝반짝 빛나고 색깔이 있으신 분이야. 어디서나 본인의 매력을 풍기시는?(웃음)

사실 통역사는 어느 현장에 가든지 그림자처럼 혹은 카멜레온처럼 몸을 고의적으로 숨기는 직업이잖아. 근데 서지연 교수님은 현장 색깔이 보라색이라면 그 현장 색깔에 맞는 '자신만의 보라색'으로 변신을 하는 그런 분이야. 그분 정말 좋아.

Q 번역 커리큘럼 중에서 기억에 남는 수업이 있나요?

외국인 교수님이 한 분 계셨는데 그 교수님은 정말 천재인 것 같아. 우리가 당연하게 그리고 쉽게 번역했을 법한 문장도 교수님은 문장 분석이나 문장 배열 방식을 어떻게 하면 좋을지 알려주셔서 이니스프리

번역할 때 도움을 굉장히 많이 받았어. 그 교수님은 항상 한국어 원문에 대한 고민을 많이 하셨어.

한국인이라서 그냥 아무렇지 않게 번역했을 문장을 그분은 외국인의 시선으로 문장을 잘 배열하고 분석하셨어. 예를 들면 '소중한 나의 사람'에서 '소중한'이라는 형용사가 어디에 붙는지에 따라 그 문장의 느낌이 달라지잖아. '소중한 나의 사람'과 '나의 소중한 사람', 이 두 문장이 풍기는 분위기는 정말 다르거든. 교수님이 이런 문장 분석을 너무 잘 알려주셔서 이니스프리 번역을 할 때 형용사를 좀 더 효율적으로 배치할 수 있게 되었어.

Q 최근 박유지 통역사님은 SNS를 통해
  '통번역대학원을 다녔던 2년은 내 인생에서 가장 끔찍한 시간
  이었고, 인생 최악의 경험을 했던 시간이었다'라는 글을 남겼는데요.

직접적으로 말하면 '사람'이지. 난 학교 다니면서 이런 사람들은 처음 봤다니까. 정말 간단한 예의조차 모르는 사람들도 많았고 미안해하거나 고마워하는 것도 모르는 사람이 많았어. 계속 같이 지내면서 인사조차 하지 않는 건 예의가 아니잖아.

솔직히 초반에는 아무것도 모르고 들어와서 모든 사람들이 좋았는데 오히려 그 사람들은 그렇지 않았던 거지. 사실 모든 사람이 자기 잘못을 인지해야 하는 건 아니지만 기본적으로 사회를 살아가면서 통상적인 개념이 있어야 하는데 그게 없는 거야. 근데 그런 사람들이 또 목소리가 유난히 커서 다른 사람들의 의견을 휘어잡으려고 하잖아.

게다가 회색존에 있었던 사람들... 만약에 내가 그들처럼 소심한 성격이었다면 이상한 사람들 눈 밖에 나기 싫어서 회색존으로 들어갔을 거야. 나 같은 사람이나 "뭐야, 저 쓰레기들" 하면서 무시하는데 대부분의 사람들은 그런 좋지 않은 습관이나 모습에 흡수되어 버리더라고. 난 그 사람들을 탓하지는 않아. 다만 내가 좋아하지 않을 뿐. 그래도 기본적인 옳고 그름을 판단할 수 있어야 하지 않을까? 자기 주관은 가지고 있어야 한다고 생각해. 옳고 그름을 구분 못 하는 사람들이 많았으니까.

Q 가장 상처가 되었던 사건도 있었나요?

물론 있었지. 말도 안 되는 루머를 퍼트리는 사람들. 내 입으로 꺼내기 힘든 그런 루머를 퍼트리고 다니더라고. 친구들이 나한테 "유지야 왜 해명 안 해?"라고 했었는데 내가 그 루머를 해명한다고 믿을 인간들이었으면 애초에 그 루머를 만들지도 믿지도 않았을 거라고 말해줬어.

**Q SNS을 통해 '행복했던 나를 평생 잃을까봐 걱정했다'라는
　 마음을 전했는데 어떤 의미인가요?**

나는 특정 사람을 그렇게 싫어해 본 적이 없었는데 학교생활을 하면서 좋아하는 사람이 손에 꼽을 정도였으니까 말 다 했지 뭐. 학교생활을 하면서 '세상 사람들이 다 이렇게 이기적이면 어떡하지?' 라는 생각을 하게 되었어.

그리고 난 대학원어 오면 수준 높은 사람들과 수준 높은 대화만 할 거라고 생각했는데 실상 그렇지도 않고 학교 있는 동안 나 자신이 한없이 작아지는 거야. '사회에 다 이런 사람들만 있으면 어떡하지'라는 걱정을 많이 했어. 교수님들은 되게 좋았는데.

Q 박유지 통역사님이 바랬었던 통번역대학원 생활이 있었나요?

당연하지.(웃음) 그냥 되게 단순해. 서로 같이 공부하고 공부한 내용 다 같이 공유하고 생산적인 대화를 나누고 또 내가 아는 분야와 다른 사람들이 잘 아는 분야를 접목해서 깊이 있게 공부하고 교차해서 심화하고… 아니 그냥 미래를 향해 같이 나아가는 사람이라고 생각했지. 근데 현실은 불가능이었지. 지금 와서 생각해보면 내가 너무 순진했던 것 같아. 여기는 다 경쟁하는 시스템이라 자신이 가진 걸 남에게 나눠주기란 힘든 것 같아. 같이 성장하면 좋잖아. 같은 사물이라도 사람마다 생각하는 게 다른데 만약 이런 생각들을 좀 더 생산적으로 교류했다면 서로에게 좋았을 것 같아. 같은 걸 연구해도 결과물은 다 다른데.. 집단지성이라는 게 있잖아. 근데 집단지성을 찾아볼 수 없었어.

게다가 나는 살면서 누군가에게 아부해서 얻은 건 한 번도 없었어. 나는 절대 그런 사람이 아니야. 나는 내 실력이 있기 때문에 당당해. 근데 내가 잘되니까 사람들이 오해하기 시작했어. 교수님한테 아부해서 잘 된 거라고 하더라고. 근데 나는 사람들이 나에 대해서 그렇게 생각할 거라고 생각지도 못 했어. 물론 운도 있었겠지만 니가 어딘가에서 쌓아 온 신뢰가 있으니까 꾸준히 일이 들어오는 거라고 생각해.

**Q 사람들이 이해할 수 없는 행동을 할 때마다
'내가 살아왔던 방식이 틀렸나?'라는 생각이 들지는 않으셨나요?**

아니. 난 그런 생각은 안 했어. 이 사람들에게 베풀 가치가 없다고 생각했지. 내가 사람들에게 베푸는 게 이상하다고 생각하지는 않았어. 단지 그들에게 내가 베풀 수 있는 건 여기까지라고 생각했어. 학교 졸업하고 나서 점점 정상으로 돌아오고 있는 느낌이야.

Q 통번역대학원을 통해 얻은 게 있다면요?

한식 대첩이라는 프로그램에 참여하게 된 거.(웃음) 내가 좋아하는 프로그램이었거든. 통번역대학원 생활이 힘들기는 했지만 그래도 통번역대학원이라는 타이틀이 있어서 참여할 기회가 생겼던 거지.

Q 통번역대학원 졸업 후 아쉬운 점은 없으셨나요?

아쉬운 점? 당연히 있지. 일부 교수님은 학생들에게 공부하는 방식을 제시해 주시고 만약 알려준 대로 하지 않으면 약간 이단자처럼 생각하시는 분들이 있었거든. 근데 돌이켜보면 사람마다 방식의 차이는 있기 마련인데 계속 그 방법만 학생들에게 고수하시다 보니 오히려 나한테는 맞지도 않았고 도움도 안 되더라고. 좀 더 빨리 스스로에게 맞는 공부 방법을 깨달았다면 좋았을 것 같아.

**Q 통번역대학원 졸업 전(사회로 나오기 전)
 통번역대학원에서 꼭 해야 하는 게 있다면요?**

통역이나 번역을 다양하게 해보면 좋을 것 같아. 사실 이니스프리 번역도 교수님께서 반대하셨는데 그냥 내가 하고 싶었기 때문에 학교생활이 힘들어도 병행했었거든.

학교에만 갇혀 있지 말고 주체적으로 활동하는 게 나중에 와서 보면 자기 자신에게 더 도움이 되지. 대학원 2년 하고 인생 끝나는 거 아니잖아.

**Q 만약 3년 전으로 돌아간다면
 통번역대학원에 다시 진학하실 생각이 있으신가요?**

이 생활에 대해 미리 알았더라면 통번역대학원에 들어오지 않았을 거야. 원래 공부를 좋아하는 성격도 아니고 호기심도 많지 않은데 통번역대학원이 이렇게 닳은 공부를 해야 하는 곳인지를 알았다면 입학을 다시 한번 고려해봤을 것 같아.

Q 통번역대학원 졸업 후 어떤 기분이었나요?

해방. 자유. 이제 싫어하는 사람 안 봐도 되고 내 시간을 더 가치 있게 쓸 수 있고 하고 싶은 것들을 다 할 수 있으니까 너무 행복했어.

**Q 통번역사를 꿈꾸는 사람은
 반드시 통번역대학원을 나와야 할까요?**

번역사는 굳이 통대를 나오지 않아도 되지만 통역사는 반드시 나와야 하지 않을까? 번역은 사실 학교에서 배우는 것보다 본인이 하면서 배우는 게 더 많은 것 같아. 그리고 특별하게 통번역대학원 타이틀이 필요한 것도 아니잖아. 번역하시는 분들 중에 통대 졸업하지 않고서도 실력 있고 훌륭하신 분들 훨씬 많을걸? 그분들은 오히려 갇혀 있는 번역이 아닌 열린 생각으로 번역을 하시는 것 같아. 마케팅, 소설, 문학 분야는 오히려 비통대생이 잡고 있을 거야. 통대를 다니다 보면 스스로 무엇이 문제인지 생각해보기도 전에 다른 사람들이 크리틱을 너무 많이 해주잖아. 근데 비통대 분들은 오히려 스스로 어떤 문제가 있는지 자문할 시간이 있다 보니까 좀 더 자유롭게 그리고 폭넓게 번역을 하시는 것 같아.

**Q 현재 통번역대학원을 지원하려는 학생들에게
 전하고 싶은 조언이 있나요?**

'우물 안 개구리가 되지 말라', 통대에서 1등 한다고 시장에 나와서도 잘할 거라는 보장은 할 수 없거든. 하지만 아무도 이 말을 듣지 않겠지. 사실 스스로 겪지 않으면 와 닿지 않을걸?

좀 더 다양한 걸 할 수 있는 사람들인데 '통번역사'라는 세계에만 갇혀서 자신만의 개성을 잃지 않았으면 좋겠어.

Q 통번역사에게 필요한 자질은 무엇인가요?

하나만 골라야 해? 체력. 겸손. 센스. 눈치. 내가 체력이 부족한 편이라서 힘들더라고. 솔직히 컨디션 안 좋으면 통역도 잘 안 나오잖아. 그래도 난 다행히 일할 때는 몸이 안 아픈데 일 끝나고 나면 긴장이 쫙 풀리면서 몸이 여기저기 쑤시고 머리도 너무 아프더라고. 통역 일하다 보면 밥도 제때 못 먹고 소화도 잘 안 되고 간식으로 때울 때가 많잖아.

그리고 요즘에 '겸손이 미덕이 아니다'라는 말도 있는데 내 생각에는 딱 그 정도 수준인 사람들한테 맞는 말인 것 같아. 겸손하다고 해서 자신감이 없는 건 아니잖아. 우리는 VIP를 통역하는 경우가 많지만 우리가 VIP는 아니야. 근데 본인이 VIP 통역하면서 좋은 호텔 가서 맛있는 밥 먹고 좋은 차를 탄다고 해서 우리가 VIP는 다닌데 가끔 착각하는 통역사도 있어.

그리고 조금 이해가 안 되는게 나는 항상 내 스스로가 부족하다고 생각하는데 어떤 사람은 본인 실력 파악이 안 되는 사람도 있어. 그래서 겸손해서 나쁠 게 없는 게 "제가 부족한 점이 있어도 양해 부탁드립니다" 이 정도만 해도 클라이언트는 크게 딴지 걸지 않아. 클라이언트가 잘못된 점을 말해줬을 때 "다음에는 반영해서 하겠습니다" 한다고 해서 누가 거기다 대고 침을 뱉어. 근데 어떤 경우에는 통역사가 통역을 망쳐서 클라이언트가 화가 났는데 오히려 고개 빳빳이 들고 스스로 통역 잘했다고 자기가 잘났다고 생각하는 사람들이 있어 왜 그러는지 모르겠어.

이게 동시통역에서도 해당하는지는 모르겠지만 순차통역 할 때는 센스 있게 처리하면 좋을 점들이 많아. 조금은 융통성을 가져야 해.

Q 통번역사의 전망은 어떨까요?

솔직히 번역은 통번역대학원 졸업 메리트가 거의 없어질 것 같고 통역은 당연히 국제회의 통역사에 대한 수요는 늘겠지. 늘 수밖에 없는 것 같아. 오히려 못하는 사람들은 도태될 수밖에 없어. 왜냐하면 실력 있는 사람들이 계속해서 쏟아져 나오니까. 통번역사 공급이 많아지는데 그 중에서 잘하는 사람들만 살아남지 않을까? 그래서 본인이 잘하면 도태될 일이 없을 것이고 좀 미달이면 점점 사라지지 않을까?

**Q 통번역사를 둘러싼 환상과 현실 사이,
　 가장 큰 괴리는 무엇인가요?**

사람들은 통번역사가 돈을 진짜 많이 벌고 우아하고 고귀한 직업이라고 생각하지만 사실 우리가 받는 금액 생각하면 많지 않다고 생각해. 하루 통역하고 90만 원, 100만 원 받는 게 많다고 생각하지만 일단 그 회의 하나를 준비하기 위해서 들이는 시간이 엄청나잖아. 근데 사람들은 내가 준비한 시간은 보이지 않는 거야. 그리고 우리가 가서 일하는 곳은 항상 전문성이 강조되는 곳이고 전문가들로 가득한 곳이라 언제나 공격을 받는 위치일 수밖에 없어. 그 사람들이 몇십 년 간 해온 공부를 우리는 고작 일주일 안에 준비해야 하는데 어떻게 그 분야의 전문가를 지식으로 이길 수 있겠어.

이 부분을 이해해주시는 분들도 계시지만 이해해주지 못 하는 분들이 태반이지 오히려 "내가 이 정도 돈을 줬는데 이 정도 통역 밖에 못해?"라고 하시는 분들도 있으니까.

그리고 어떤 분들은 우리가 회의 자료를 미리 받으면 통역을 날로 먹는다고 생각하시는 분들이 계셔. 통번역사는 소통을 도와주는 사람인데 소통이 필요한 주제를 알려주지 않으면 우리가 어떻게 소통을 도와.

생판 모르는 사람을 처음 만나서 그 사람에 대해서 모든 것을 설명하라는 것과 같은 거 아닐까?

Q 홀로 프리랜서 통번역사로 활동해보니 어떠신가요?

학교 다닐 때는 학교 울타리 속에서 학생치고는 통역 잘한다는 말을 들을 수 있었는데 이제 졸업하고 나니까 더더욱 잘해야 하는 상황인 거지. 이제는 학생이라는 타이틀이 나를 보호해주지 않으니까.

Q 새내기 프리랜서 통번역사의 일과는 어떠한가요?

통역이 있는 날은 새벽 5시에 일어나서 준비하고 6시에 출발하는 것 같아. 보통 통역은 9시에 시작되지만 좀 더 여유 있게 한 시간 반, 두 시간 전에는 도착해 있어. 일찍 와서 특별히 뭔가를 하지 않더라도 일찍 도착해 있으면 마음이 편하잖아. 커피 마시면서 배고프면 밥도 먹고 통역 전에 마음을 가다듬는 시간을 가지는 거지. 왜냐하면 예전에 교수님께서 말씀하신 것 중에 사람이 아무리 실력이 뛰어나도 급하게 도착해서 마음이 초조한 상태에서 통역하면 제 실력 안 나온다고 하셨거든.

프리랜서는 자신의 시간을 컨트롤 할 수 있는 능력이 필요한 것 같아.

Q 회사 경력없이 프리랜서로 활동한다는 게 쉬운 일은 아닐 텐데 스스로 프리랜서를 해도 괜찮겠다고 판단한 근거가 있나요?

나는 한 번도 취업 생각을 해본 적이 없어.

프리랜서 하려고 통번역대학원에 들어 온 건데 취업을 할 이유도 없고 또 내 소중한 시간을 회사에 묶어 둘 이유도 없고... 나는 돈에 가치를 두지는 않아. 조금씩 벌더라도 블로그나 다른 일 하면서 조금씩 벌 수 있는 거니까. 그리고 프리랜서 1년 차, 2년 차, 3년 차 이렇게 경력이 쌓이다 보면 어찌 되었든 1년에 10명의 클라이언트는 확보할 수 있지 않을까? 나는 돈보다는 하고 싶은 게 먼저고 자아실현이 먼저야. 내가 만약 회사에 다니게 된다면 하고 싶었던 한식 대첩 통역이나 샤넬 화장품 통역은 못 하게 되는 거잖아.

Q 통번역 일을 하면서 가장 힘들거나 서러울 때가 있나요?

고지식한 클라이언트를 만났을 때. 꼰대 같은 사람들 만나면 힘들지. 처음 보는 사람인데 보자마자 반말하시는 분들. 수준 떨어지는 사람 만날 때. 예전에 모 브랜드 패션위크 할 때 신진 디자이너분들 모셔서 수출상담회를 한 적 있었는데 그때 이 행사를 담당하는 에이전시가 정말 최악이었어. 그때 수출상담회에 참여하신 분들 중에 나랑 몇 분 빼고 다 비통대 출신이었거든. 근데 담당 에이전시가 사람을 막 대하는 거야. 내 입장에서는 이건 좀 아닌데 싶었어. 말도 안 되는 것 가지고 사람들한테 소리를 지르는거야. 그래서 내가 "그 쪽이 잘못하신건데 왜 통역사분들한테 화를 내시냐"라고 했었지. 알고 보니까 에이전시 측에서 배정 실수를 해서 생긴 문제인데 통역사한테 잘못을 전가하려고 했었어. 통역사들한테 예의 없이 대하는 사람들이 가장 기억에 남지.

Q 일 하면서 가장 기억에 남는 좋은 사람도 있었나요?

SNS를 통해서만 보던 영어 MC를 통역 현장에서 뵈었던 적이 있었는데 내가 인사를 하니까 너무 반갑게 맞이해주시고 또 서포트 해주셨거든. 처음 보는 사람한테 그렇게 대하기 힘든 거잖아. 근데 그분은 뭐랄까? 이미 그분 자체가 반짝반짝 빛나는 사람이라서 누군가를 깎아내릴 필요가 없는 분이셨어. 학교 다닐 때는 같이 통역 현장에 나가게 되더라도 적 대하듯이 구는 애들 뿐이었는데 처음 보는 사람인데도 이렇게 신경 써주시고 센스있게 도와주시는 분을 보고 '이 정도면 밖에 나가도 살만하겠다'라고 생각했어.

Q 통번역 일이 들어오지 않을 거라는 불안감은 없으신가요?

큰 불안감은 없는 것 같아. 왜냐하면 일이 없을 때는 내 할 일을 하고 또 다른 분야에 대해서 공부할 시간이 주어지는 거니까. 그리고 돈은 있다 가도 없고, 없다 가도 있는 거니까. 조금 조금씩 들어오는 게 익숙해.

남는 시간에 다른 분야에 대해서 공부를 많이 하려고 해. 지금은 시간이 없어서 못 하고 있지만 하고 싶은 건 굉장히 많아. 요즘에는 색깔 공부를 좀 하고 싶어. 특정 색깔에 대해서 좀 더 잘 알면 화장품 번역할 때 도움이 많이 될 것 같아.

**Q 여성으로서 통역 현장에서 받는
특별한 차별이나 불편한 점이 있나요?**

남자들을 특히 원하는 분야 이외에는 특별한 핸디캡은 없지.

근데 여성 통역사라서 성희롱에 쉽게 노출될 수 있는 것 같아. 나는 잘 대처하는 편이야. 다행히 운이 좋았던 것도 있고 워낙 똑 부러지게 말하다 보니 건드리지 않는 것 같기도 하고 나 같은 애 건드려서 좋을 게 없다고 생각하시는 것 같기도 해. 난 옛날부터 그랬어. 대학교 다닐 때도 남자들이 쉽게 성희롱 발언을 할 수 있잖아. 난 그때마다 똑같이 받아쳤어.

**Q 통번역 일이 바쁘고 힘들어도
열심히 일할 수 있게 하는 원동력이 있나요?**

일이 계속해서 들어오는 거? 그게 원동력이 아닐까? 꾸준하게 할 일이 있다는 거. 사실 우리 연차에 돈을 많이 벌기가 쉽지 않잖아. 돈이 원동력이 되지는 못하지. 누군가가 나를 필요로 해준다는 거. 돈 생각하면 이 일 계속 못 해.

**Q 사전 인터뷰에서 '한동안 슬럼프가 왔다'고 하셨는데
　어떤 이유로 힘드셨나요?**

쉬고 싶은데 못 쉬니까. 졸업하면 백수처럼 놀 줄 알았는데 계속 해야 할 일이 쌓여만 가니까 그것 때문에 버거웠었던 것 같아. 아마 그때 이니스프리 번역이 쌓여 있었을 거야. 원래 최종 마감일을 넉넉하게 주셨는데 그때 마감일이 굉장히 빡빡했었어. 굉장히 급한 일이었던 거지. 일이 다 끝나고 나니까 슬럼프도 극복되던데.(웃음)

Q 제3자로서 통번역, 통번역사를 평가해본다면요?

워라밸 측면에서 보면 최악 아닐까? 사람들은 워라밸을 실현할 수 있는 직업이라고 생각하는데 난 아닌 것 같아. 워라밸을 위해서 통번역사라는 직업을 선택하는 건 위험해. 물론 본인 욕심에 따라 다르겠지만. 예를 들면 외출했는데 갑자기 번역 일이 들어오면 하던 일 다 접고 노트북 열어서 번역해야 하잖아.

Q 프리랜서 통번역사의 삶을 5글자로 표현한다면?

주체적인 삶.

**Q '주체적인 삶'이라고 답변해 주셨는데요.
통번역사는 스스로 일을 선택하는 것이 아닌
일이 들어오는 대로 해야 하는 수동적인 직업이잖아요.
주체적인 삶과는 거리가 멀지 않나요?**

자신의 전문 분야를 알면 그 분야에 좀 더 집중할 수 있으니까 주체적으로 선택할 수 있는 것 같아. 자기가 잘하는 분야가 하나라도 있어야 자신감을 가질 수 있고 또 더 주체적으로 살 수 있지 않을까?

Q 박유지 통역사님은 주체적인 삶을 사는 사람인가요?

주체적인 삶으로 나를 정의 내리고 싶지는 않아. 단어 몇 개만으로 나를 설명하기에는 아쉽다고 해야 하나. 그래서 인스타 프로필에도 나를 어떤 특정 단어로 설명해 놓지 않아.

나를 정의 내리는 건 나 자신도 못 하는 거고 남도 못 하는 거고. 나는 뷰티 블로거일수도, 전직 쇼핑몰 사장일 수도 있고, 통역사일 수도 있고, 미래에 내가 뭔가 새로운 일을 또 할 수도 있잖아.(웃음)

Q 새롭게 도전해 보고 싶은 분야가 있나요?

나는 마케팅에도 관심이 많아서 브랜드 마케팅에 도전해보고 싶어. 브랜드 방향성을 같이 연구할 수 있는?

Q 과거로 돌아간다 해도 또다시 '통번역사'를 선택하실 건가요?

아니. 통역사보다 재미있는 일은 더 많을 것 같아. 통번역사는 나의 많은 정체성 중에 하나일 뿐이고 나중에 이 일보다 더 재미있는 일이 생기면 나는 과감하게 이 일을 그만둘 생각도 있어. 굳이 이 일만 하면서 살아갈 생각은 없어. 지금 당장은 이 일이 재밌기 때문에 하고 있는데 살다 보면 내가 더 하고 싶은 일이 생길 수도 있잖아.

통번역사라는 직업에 나를 묶어 두고 싶지는 않아.

Q 박유지 통역사님의 10년 후 모습은 어떨까요?

더 행복한 사람이지 않을까? 지금보다는 더.

Q 박유지에게 행복이란?

하고 싶은 일을 할 수 있는 거. 그게 행복이지.

하니도 하고싶은 일을 했으면 좋겠어.

Q 이 책을 읽을 독자들에게 한마디 해주세요.

'본인이 잘한다고 생각하지 말아라', 세상에 언어를 잘하는 사람들은 굉장히 많은데 언어 하나만 믿고 통번역대학원에 왜 들어오는 건지 모르겠어. 내 주변을 보면 언어를 잘한다고 해서 통번역사를 하는 사람들은 거의 없어. 왜지 알아? 언어는 그냥 본인이 가지고 있는 하나의 무기일 뿐인데 그 하나의 무기만으로 통번역대학원에 오는 건 굉장히 이상한 거라고 생각해. 도박도 아니고 약간 좀 무모한 짓인 것 같아. 물론 본인도 뜻이 있어서 왔겠지만 나는 아직도 이해가 안 돼. 근데 내가 이렇게 얘기를 해도 본인들이 들어와서 겪어보지 않는 이상 모를 거야. 왜냐하면 아무도 이런 얘기를 해주지 않거든. 솔직히 나만 해도 통번역대학원에 대한 현실적인 생활을 블로그 플랫폼에 쓸 수 있는데 쓰지 않는 거잖아. 다들 좋은 모습만 보여주고 싶어 하잖아. 그리고 만약 내가 통번역, 통번역대학원에 대한 현실적인 글을 쓰다 보면 그렇게 생각하지 않는 사람들까지 저격하게 되는 거니까. 그러다 보니 항상 조심스러워. 품위는 지켜야 하니까.

난 이 현실을 미리 알았다면 절대 오지 않았을 거야.

좀 더 다양한 걸 할 수 있는 사람들인데

'통번역사'라는 세계에만 갇혀서

자신만의 개성을 잃지 않았으면 좋겠어.

학교에만 갇혀 있지 말고 주체적으로 활동하는 게

나중에 와서 보면 자기 자신에게 더 도움이 되지.

대학원 2년 하고 인생 끝나는 거 아니잖아.

통번역사를 둘러싼 환상과 현실과의 괴리에 대하여

임미라

한중 국제회의 통역사

"프리랜서 통번역사는
전문직이면서도
아주 대표적인 비정규직이거든요."

Q 간단한 자기소개 부탁드립니다.

안녕하세요. 통번역대학원은 2013년도에 졸업했고 현재 7년 차 프리랜서입니다. 인하우스 통번역사로 근무한 기간과 육아를 제외하면 실제로는 얼마 안 되네요.(웃음)

Q 요즘 어떻게 지내시나요?

날씨가 조금 서늘해지면 신기하게 일이 많이 줄어들어요. 12월 중순부터 일이 딱 끊겨요. 2월까지 일이 없다가 요즘 조금씩 문의가 들어와요. 아직 확정된 건 없지만 따뜻해진다 싶으면 연락이 오더라고요. 저는 원래 일을 많이 하는 통역사는 아니에요.(웃음) 아이가 아직은 어려서 육아와 병행하다 보면 힘들기도 하고 또 하고 싶은데 못 하는 일도 있고 하기 싫은데 해야 하는 일들도 있어요... 지금은 비수기여서 거의 아이 육아에 전념하고 있어요. 요즘에는 그림책에 관심이 많아져서 중국이나 대만에 있는 그림책을 번역해서 한국으로 가져오려고 개인적으로 연구 중이에요. 아직 좋은 소식은 없지만 개인적으로 연구하면서 출판 기획서도 쓰고 있어요. 그리고 번역도 틈틈이 하고.(웃음)

Q 다양한 언어 중에서도 중국어를 선택하신 이유가 있나요?

제가 고등학교 입학할 때 영어랑 중국어 둘 중 뭘 선택할까 고민했었어요. 그때만 해도 20년 전이니까 중국어를 잘하는 사람들이 거의 없었거든요. 게다가 서울은 모르겠지만 대전에는 중국어 학원도 없었어요.

아버지께서 무조건 중국어과를 가야 한다고 강력하게 추천하셨죠. 중국어를 배워야 떼돈을 번다고 하셨어요. 근데 그 떼돈은 언제 버는 걸까요?(웃음) "중국어를 해야 먹고살 수 있다. 사업을 할 수도, 회사를 들어갈 수도 있다"라고 하셨었어요. 20년 전이니까 한중 수교가 된 지 얼마 안 됐을 때이기도 해서 중국어과를 선택하게 되었고 대학교도 중문과를 지원하게 되었어요.

Q '통번역사가 되어야겠다'는 결심은 언제 하셨나요?

솔직하게 이야기해도 되나. 통번역대학원 입학 전에 20대 중반쯤 정보통신부 산하에 있는 전시관에서 근무한 적이 있어요. 그때 전시관에 '동시통역사'라고 섭외된 분이 있었어요. 그분이 어떤 장관님 수행 통역을 하시는데 제가 보았을 때 통역을 잘 못 하시는 것 같았어요. 그분은 통번역대학원 출신이었거든요. 졸업하신 분이었죠. 따로 물어봤더니 동시통역사이고 유명한 분이라고 하더라고요. 제가 전문 통역사가 되고 나서 알게 된 사실은 그분이 통역하시기 전에 사전 통역자료를 못 받은 채로 왔다는 걸 알게 됐죠. 저는 직원이었으니 전시관 내부의 기술적인 부분에 대해서 다 알고 있는데 그분은 갑작스럽게 섭외가 되고 또 자료를 다 못 받은 상태에서 오셔서 그런지 통역에서 생략되는 부분들이 많더라고요. 저로서는 '되게 유명한 동시통역사인데 왜 이렇게 통역을 못 하지?'하며 거만하게 생각하고 통번역대학원이 얼마나 어려운지도 몰랐죠. 저런 분이 가실 정도면 나도 갈 수 있지 않나 이런 거만한 마음에 시작하게 되었어요.

회사 다니면서 준비해도 시험에 붙겠지 했는데 여러 번 떨어지고 나서 겸손해졌죠. 만약 제가 그때 그 통역사님과 똑같은 상황이었다면 나도 저분과 똑같았겠다고 생각했어요. 계기는 '나도 저 정도면 할 수 있겠다'라는 생각으로 시작했고 하다 보니 많이 겸손해지고 대학원에 들어가서 더 겸손해지고 현장에서 이리 치이고 저리 치이면서 더욱더 겸손해졌어요. 내 실력은 아무것도 아니라는 걸 느꼈죠.

통역사들끼리 농담으로 하는 말이 있어요. "통역대학원 가서 어떤 걸 배우나요?"라고 물으면 "내 실력이 쓰레기임을 배운다"라고 대답한다죠. 이 공부가 하면 할수록 겸손해지는 분야인 거 같아요.

Q 통번역사에 대한 사회적 인식은 어떠한가요?

인식이 완전히 이분화되어 있는 것 같아요. "동시통역사예요"라고 하면 "오~ 되게 대단하다'라고 하는데 "통역해요"라고 하면 "중국어 조금 하나?" 이렇게 이분화되어 있는 것 같아요.

근데 전문가 입장에서 보면 이러한 인식이 마냥 나쁘다고 할 수도 없어요. 왜냐하면 우리가 병원을 갈 때 심각한 질환이면 전문의를 찾아가게 되고 그다지 심각한 병이 아니라면 일반 병원에 가도 되는 거잖아요. 그런 것처럼 통번역 분야도 세분화가 될 필요가 있어요. 전문성 있게 통역을 배운 사람, 중국어 조금 배워서 통번역을 하는 사람. 이렇게 세분화가 되면 가격도 세분화가 될 텐데 문제는 이게 혼용이 되어서 전문교육을 받은 통역사가 전문교육을 받지 않은 통역사의 대우를 받기도 하고 섞여 있어요. 중국어는 특히 더 심해요. 동시통역은 전문분야인데 전문적으로 통역 기술을 배우지 않고 무작정 통역 부스에 들어가는 분들도 있어요. '중국어를 한다'와 '한중 동시통역을 한다'는 전혀 다른 문제예요. 공부해본 사람들은 알 거예요. 물론 정확한 동시통역의 개념을 몰라서 "난 동시통역사예요"라고 말하는 건 괜찮아요. 알려주면 되니까요. 문제는 알면서도 "나는 동시통역을 합니다. 아주 잘합니다"라고 하는 것은 문제가 있다고 봐요.

아직 사람들이 통역사에 대해서 잘 몰라요. 특히 동시통역이 뭔지, 순차통역이 뭔지 이런 걸 잘 모르기도 해요. 심지어 통역사를 섭외하는 담당자인데도 "선생님 동시통역해주실 수 있어요?" 그래서 "언제요? 동시통역 장비는 다 있죠?"라고 물으면 "어떤 장비요?"라고 묻는 분들도 있어요. "부스는 없는데요. 그냥 연사 옆에 서서 해주시면 돼요"라고 하시는 분들도 있고요. 정말 잘 모르시는 분들이 많아요. 심지어 모든 대학교에 통번역대학원이 있는 줄 아는 분들도 많아요. 처음부터 끝까지 다 설명을 해줘야 해요. 예를 들면 무역협회, 상공회의소, 각 정부 기관, 외교부 이런 곳은 매일 국제회의를 하니까 이 분야의 전문가죠. 그리고 국제회의를 기획하는 회사들은 통역사보다 프로세스를 더 잘 알죠.

Q 통번역사에 대한 잘못된 인식도 있나요?

제가 현장에서 일하면서 느끼는 게 있어요. 첫 째는 통역사는 돈을 쉽게 많이 번다고 생각해요. 별로 준비한 것도 없어 보이는데 하루에 100만 원 이상씩 받으니까 쉽게 번다고 생각해요. 처음에는 그 점이 속상했어요.

번역도 마찬가지고요. '번역 이거 뭐 30분이면 할 수 있어 보이는데 10만 원이 넘어?' 이렇게 생각하는 분들도 많아서 참 속상한 일이죠.

둘째는 전반적으로 대우받기 어려운 직업이다. 하는 일에 비해 돈을 많이 받는다고 생각하시는 분이 전반적이죠. 회의 하나 준비하려면 3일 이상씩 공부를 해야 하고 길게는 2주씩 공부하기도 하고요. 중간 중간에 통역 파트너도 만나서 회의명이나 용어 통일을 하면서 사전 리허설 할 때도 많아요. 2주 동안 하나의 회의를 위해서 아주 많은 노력을 해요. '쉽게 통역하고 쉽게 돈 많이 번다', '중국어 조금 하면 돈 벌 수 있다', '영어 조금 할 줄 알면 통역도 번역도 다 잘한다'라고 하시는데 근데 그거 아니거든요. 똑같은 단어여도 10가지 이상의 표현이 나올 수 있잖아요. 그 단어에 대한 표현을 10번 생각하고 20번 생각해서 적확한 표현을 결정하는건데 사람들이 쉽게 생각하는 것 같아요.

만약 A4용지 분량에 "만 원 줄 테니 번역해주세요"라고 할 때와 똑같은 분량인데 "10만 원 줄 테니 번역해주세요"라고 할 때의 결과물이 다를 수밖에 없어요. '10만 원 주니까 열심히 해야지'가 아니라 10만 원을 줬기 때문에 제가 그것에 대한 노동의 대가를 지급하는 거고 한번 생각할 거 10번 생각하는 거거든요. 근데 보통 사람들은 그렇게 생각 안 하고 만 원에 해줄 수 있는 건데 왜 10만 원이나 줘야 하냐고 생각해요. 사실 번역 결과물이 다를 수밖에 없는 건데 같이죠. 정말 제대로 값어치를 해준 번역이 결과물도 훨씬 좋아요.

그래서 일을 맡기는 사람 입장에서는 정당한 노동의 대가를 지급해주는 게 맞아요. 우리가 사실 많이 달라는 거 아니거든요? "통역 힘드니까 많이 주세요", "번역 힘드니까 많이 주세요" 아니잖아요. 정당하게 일한 만큼만 달라는 건데 그게 어려운가 봐요. 일을 주는 입장에서는 너무 많이 준다고 생각해요. 프리랜서는 매일 싸워야 해요. 처음에는 귀찮아서 설득도 안 했어요. 근데 그분들도 잘 모르기 때문에 매번 이렇게 설명을 해줘야 하더라고요. 이 동시통역을 왜 중요하고 우리가 통역하기 전에 파트너랑 만나서 얼마나 많은 시간을 할애하는지 설명을 해줘야 해요. 설명이 필요한 직업이에요. 프리랜서 통번역사라서 더 그래요. 인하우스는 보호막이 있잖아요. 근데 프리랜서는 혼자니까 처음부터 끝까지 설명을 해줘야 하는 거죠. 왜 통역 전에 자료를 미리 줘야 하는지조차도 알려줘야 하고요.

아... 그리고 자료. 자료 좀 제발. 같은 맥락인데. 통역이 쉽다고 생각하니까 자료를 늦게 줘도 괜찮다고 생각하는 거죠. "그냥 아침에 드릴 테니까 한 번 보시고 오세요"라고 하는데 근데 한 번 본다는 게 사실 소설책 보듯이 읽는 게 아니라 문맥도 파악해야 하고 처음 보는 단어는 어떻게 통역하면 좋을지 고민해봐야 하잖아요. 특히 법률 같은 경우에는 한국어인데 무슨 말인지 모르겠는 표현들이 많아요. 법률 용어에는 일본식 표현들이 굉장히 많거든요. 의학 관련 통역도 마찬가지고요. 의학회의는 PPT를 사전에 주시기는 하는데 현장에서는 PPT에 명시된 단어가 아닌 다른 단어를 써요. 줄임말을 쓴다든지 전문가들끼리 아는 단어를 써요. 그렇기 때문에 사전 미팅이 꼭 필요한 거고요. 매번 프리랜서 통역사들이 설득하고 이야기를 해야 해요. 요청해야 할 부분이 많은데도 우린 을의 처지라서 계속 독촉하기가 힘들어요. 그래서 참 쉽지 않아요. 심지어 어떤 담당자들은 대놓고 귀찮아해요. "그냥 와서 하면 되는데... 드린다고 제가 말씀드렸잖아요"라고 화내시는 분들도 있어요.

웃긴 건 제가 주최하는 회의가 아니잖아요. 주최 측이 섭외한 연사들의 말을 제대로 전달해주기 위해서 섭외한 통역사인데 하루라도 빨리 자료를 줘야 하거든요. 이건 구급 환자와 같아요. 한 시간이라도 빨리 병원에 가야 하는 것처럼요. 당장 내일 통역인데 오늘 점심 때까지 자료가 안 오면 초조해지죠.

통역사는 계속 이야기 해야 해요. "상황은 충분히 알지만 그래도 전달은 해주세요. 자료를 전달해주지 않으면 통역의 질은 떨어질 수밖에 없고 거기에 대한 컴플레인은 받지 않겠습니다"라고 반드시 이야기를 해줘야 해요. 정말 이야기해야 하는 부분이지만 매번 이야기하기가 힘들어요. '너희가 자료 안 줬으니까 통역 망칠게'라고 꼬아서 들으시는 분들도 있거든요. 하지만 "저는 최선을 다하겠지만 자료는 주셔야 하고 이건 의무입니다. 통역사를 섭외했으면 자료를 꼭 주셔야 해요"라고 말해야 해요. 예를 들면 누가 암에 걸렸는데 되게 유명한 전문의를 찾아갔어요. 설령 훌륭한 전문의라고 해도 환자의 사전 자료 없이는 진료할 수도 수술을 할 수도 없는 거잖아요. 의사도 내 몸이 어떠한지 내 상태가 어떠한지 혈압이 어떠한지 다 체크해야 하잖아요. 의사가 수술하기 편하라고 환자에 대한 자료를 제공하는 게 아니라 환자 자신을 위해서 제공해야 하는 거잖아요. 그렇기 때문에 통역사에게 자료 제공하는 것과 의사에게 나의 몸 상태어 대한 사전자료를 주는 것은 궁극적으로 같은 거예요. 의사가 내 몸을 잘 파악해서 수술을 잘 끝내면 그게 결국엔 나에게 좋은 거잖아요. 환자는 의사에게 경제적인 정당한 대가를 지급하면 되는 거고요. 정말 같은 맥락인데 잘 모르시는 분들이 많죠.

"너 유명한 통역사라며, 통역 잘한다며, 100만 원이나 받잖아, 너한테 그 정도 통역은 쉬운 거 아니야?"라고 하시는 분들이 많이 있죠. 또는 "저희 간단하게 말 할 거라서 오늘 하는 통역 어렵지 않아요. 그냥 오셔서 간단히 한 시간만 해주시면 돼요"라고 하시지만 통역사들끼리는 "우리 저 말에 속지 말자"라고 하죠. 전문가들은 같은 이야기를 매일 하니까 어렵지 않은 내용이지만 우리는 모든 내용이 처음이니까 사전에 준비가 꼭 필요한 거죠.

자료에 대한 것, 통역료에 대한 인식. 이 두 가지는 정말 개선되었으면 좋겠어요.

Q 통번역사 섭외 시 출신학교(통번역대학원)를 따지나요?

경력이 쌓이면 출신학교는 잘 안 봐요. 어떤 통역을 했는지, 경력을 더 중시하는 것 같아요. 잘 모르는 사람이 오히려 학교를 따지시는 것 같아요. 서울대 영어과 나온 사람이 영어를 더 잘할지, 미국에서 20년 산 사람이 영어를 잘할지 따져보면 표면적으로는 미국에서 20년 산 사람이 영어를 더 잘할 거라고 생각하지만 서울대 나온 사람이 영어를 더 잘할 수도 있는 거잖아요. 그래서 정말 잘 아시는 분들은 출신학교는 잘 안 보시고 밑에 있는 경력 사항만 쭉 보세요. 큰 회의를 많이 하면 소위 '안전빵'이라고 생각하고 선택을 하죠.

Q '가짜 통번역사 척결 원년 캠페인'을 본 적 있어요. 어떤 캠페인인가요?

제가 먼저 시작한 캠페인은 아니지만 이런 이야기가 나온 지는 이미 몇 년 됐어요. 최근에 통번역사 직업이 각광을 받으면서 영어를 잘하는 몇몇 방송인들이 본인을 "동시통역사다"라고 소개하기 시작했어요. 동시통역의 개념을 아예 모르는 분들도 있고 실제로 동시통역을 하셨는지 여부는 모르겠으나 일단 동시통역을 할 수 없는데 할 수 있다고 하는 건 거짓말이니까요. 그러지 않았으면 해요. 어떤 분은 처음에 동시통역사라고 소개하다가 나중에 프로필을 수정한 것으로 알고 있더요. 이 외에도 학력 위조나 거짓 이력으로 문제가 있는 통역사가 많다는 말을 들었습니다. 그런 차원에서 캠페인에 참여하게 되었고요.

Q 그렇다면 통번역대학원 학위가 없는 사람은 본인을 통번역사라고 소개하면 안 되는 건가요?

어찌 보면 밥그릇 싸움이죠.(웃음) 물론 쓰면 안 되는 건 아니죠. 통역을 하면 '통역사'라는 경칭을 쓸 수는 있죠. 근데 '동시통역사', '국제회의 통역사', '전문 통번역사'라고 쓰면 안 되죠.

예를 들어 중국에서 20년을 사신 분이 중국어를 할 줄 알아서 한국에서 비즈니스 미팅, 수행 통역을 했기 때문에 본인을 '통역사'라고 소개할 수는 있어요. 그렇지만 이분이 국제회의 통역사, 전문 통번역사는 아니죠. 국제회의 동시통역을 전문적으로 배워본 적이 없는 사람이니까요.

이런 상황에서 만약 "저는 동시통역 할 수 있어요. 저를 동시통역사로 섭외해 주세요"라고 하면 이건 사기죠. 통번역대학원을 나오지 않았는데 "저는 통번역대학원에서 통역을 전공했습니다"라고 하는 건 더 사기인 거고요. 통역사라고 이야기할 수는 있어요. 번역을 전문적으로 배우지 않았지만 "나는 번역가입니다"라고 할 수 있어요. 영화 번역가 이미도 씨도 통번역대학원 출신은 아닌데 영화를 너무 좋아해서 자기가 직접 영화를 번역한 케이스잖아요. 디즈니, 할리우드 영화는 그분이 많이 번역하셨는데 그런 분들도 본인을 번역가라고 할 수 있죠. 통역해서 돈을 벌고 통역을 업으로 삼고 있으면 통역사라고 할 수 있지만 국제회의 통역사라고 하면 안 되죠. 그건 문제죠.

중국에서 유학만 했을 뿐인데 인스타나 페이스북에 신분위조를 해서 올리는 사람들도 있어요. 전문의가 아닌데 전문의라고 하고 다니는 분들이 있으면 사기잖아요. 아마 의사협회에서 가만두지 않을 걸요. 그런 거 잡아내듯이 우리도 그런 보호막을 만들고 제대로 된 시스템을 만들어야죠.

Q 통번역사를 둘러싼 환상과 현실 사이, 가장 큰 괴리는 무엇인가요?

이 질문을 듣고 많이 생각해 봤어요. 겉으로는 굉장히 화려하고 출장도 자주 가고 부스 안에서 통역하는 모습이 멋있어 보이고 각광받는 전문직이라고 생각하잖아요. 사실 '멋있는 직업이 아니다'라고 말하고 싶은데 각광받아도 될 만큼 멋있어요.

선후배 통역사들 일하는 거 보면 정말 멋있어요. 이 직업은 정말 좋아하지 않으면 할 수 없는 직업이에요. 많은 사람들이 정말 멋있는 직업이고 선망의 직업이라고 하는데 저도 그렇다고 생각해요. 다른 통역사들을 보면 멋있어요

근데 사회에서는 '고액 연봉을 받는다'라는 인식이 있죠. "억대 연봉 아니야? 되게 많이 버는 거 아니야?"라고 하는데 사실 억대 연봉을 벌 수 있는 경우가 그렇게 많지는 않죠. 물론 억대 연봉 가능해요. 의지만 있으면요. 근데 많은 걸 포기해야 하죠. 가족과의 시간, 아이와의 시간 등등 많은 걸 포기하면 억대 연봉 벌 수 있어요. 근데 저는 그렇게까지 하고 싶지는 않아요. 일 많은 통역사보다는 적더라도 완벽하게 해내는 통역사가 되고 싶어요. 그게 뜻대로 잘 안 되지만요.

그리고 통역사는 통역 준비할 때 굉장히 여유롭고 멋지게 전문 논문을 봐 가면서 준비를 하고 그렇게 완벽하게 준비해서 통역 현장에 가서 내 실력을 마음껏 찰휘할 거라고 생각하시는 분들도 있지만 실상은 정반대예요. 거의 통역 전날까지 전전긍긍해요. 전날까지 정말 미친 듯이 공부를 하고 자료를 섭렵해가죠. 통역 당일 아침까지... 자면서도 칼륨, 나트륨, 염산 이런 단어가 현장에서 나오면 어떡하지 고민하고 아침에 설령 멋지게 화장하고 멋진 옷을 입고 현장에 간다고 하더라도 회의 시작 직전까지 단어를 봐요. 행사 시작 전까지 스트레스. 근데 회의 시작하고 나서 2~3분 지나면 그때부터 스트레스가 확 줄어요.

'이제 정말 시작했구나', 이 지구상에서 이 회의를 준비한 통역사는 나뿐이니까 나를 의지하고 그 순간 집중을 해서 통역을 하는 거죠.

Q 언어 능력 이외에 통번역사가 갖춰야 할 자질은 무엇인가요?

굉장히 어려운 질문인데 만약 두 가지 언어를 상당히 잘한다는 전제하에 있어야 하는 능력은 맥락 잡기, 논리 따라가기, 이해력인 것 같아요. 예를 들면 A라는 통역사가 있고 B라는 통역사가 있다고 가정했을 때 A는 맥락을 잡지 못하는 통역사고 B는 맥락을 쭉 따라가는 통역사라면 청중의 입장에서 듣자마자 알 수 있을 것 같아요. B 통역사는 맥락을 잘 잡고 통역을 하고 있구나, A 통역사는 맥락을 따라가지 못하고 앵무새처럼 뱉기만 하는구나.

이 두 가지 통역을 비교해서 듣다 보면 설령 A 통역사가 굉장히 유창하게 통역을 하는 것 같아도 청중들은 무슨 말을 하는 것인지 못 알아듣는 거죠. 통역 퍼포먼스가 굉장히 좋을 수는 있지만 그래서 이 정책이 좋다는 건지 나쁘다는 건지 없애야 한다는 건지 청중 입장에서는 무슨 말을 하는 것인지 이해를 못 할 수 있다는 거죠. 근데 맥락을 잘 따라가는 통역사는 유창하지는 않더라도 이 연사가 청중들에게 무엇을 전하고자 하는지를 확실히 알 수 있게끔 통역을 하는 거죠. 맥락을 잡고 따라가야 하는데 그저 주저리 주저리 말을 뱉기만 하면 듣는 사람은 무슨 말인지도 모르고 귀만 피곤해져요. 앵무새가 아닌 맥락을 잘 잡는 사람. 이해를 잘하고 핵심 메시지를 잘 전달하는 사람.

'연사가 눌변을 해도 통역사는 능변을 해야 한다'라는 말이 있거든요. 통역사들끼리도 '개떡같이 말해도 찰떡같이 알아들어야 한다'는 말 굉장히 자주 듣잖아요. 통역사는 연사의 말을 듣고 그걸 잘 정리를 해서 통역해야 해요. 조금은 늦게 발화하더라도 이해를 하고 통역을 할 수 있는 능력이 필요한 거죠.

또 영업력이 필요하다고 생각해요. 요즘엔 1인 미디어 시대이고 SNS 홍보도 가능하니까요. 예전에는 통역사가 많이 없었어요. 근데 요즘 너무 많아져서 스스로 홍보해야 해요. 관계자들에게 명함 드리는 것도 좋고, 물론 구걸을 할 필요는 없지만 홍보는 할 필요가 있어요. 지금 재학생이나 졸업생들에게 정말 이 이야기를 해주고 싶어요. 통번역대학원 졸업했다고 해서 누가 갑자기 와서 통역을 부탁하지 않아요. 실력 있는 통역사들 많은데 굳이 찾아오지 않는다는 말이죠. 영어는 더 그럴 테고...

Q 'SNS 홍보'를 통번역사가 갖춰야 할 능력으로 꼽으셨는데요. 임미라 통역사님은 어떤 방식으로 SNS를 활용하시나요?

사실 SNS 홍보는 정말 조심스러워요. 이 바닥이 좁잖아요. 어떤 에이전시에서 A 통역사를 섭외했다가 갑자기 통역사가 교체되어서 그 일을 제가 맡을 수도 있잖아요. 근데 만약 제가 섭외 교체가 된 통역을 하러 갔다가 그 통역에 다녀온 후기를 피드에 올린다고 생각하면 정말 아찔한 순간인 거죠. 섭외 교체를 당한 통역사가 상처받을 수도 있고 컴플레인 걸 수도 있고요. 그래서 공식적인 행사명은 오픈하지 않고 있어요.

Q 통번역사는 어떤 성향을 가져야 한다고 생각하세요?

조금 세심하고 까다로워야 하는 건 맞는 것 같아요. 특히 프리랜서 통역사를 하려면 더더욱. 왜냐면 아무도 챙겨주지 않거든요. 통역하러 가서 실수하더라도 결국에는 내가 해결해야 하는 몫이니까 꼼꼼하고 세심하고 까다로워야 해요. 근데 예민한 사람들이 예민해서 이 직업을 선택하는 건 아닌 것 같고 이 길에 들어서면 다 예민해지는 것 같아요. 예민하게 점검하고 꼼꼼하게 하지 않으면 자기만 손해잖아요. 사실 지인들이 "통역사들은 왜 이렇게 싸가지가 없어? 통역사들은 왜 제 할 말 다 해?" 라고 묻기도 해요. 근데 예민하게 반응하지 않으면 자신을 챙길 수가 없어요. 저도 처음에는 좋은 게 좋은 거로 생각했어요. 근데 현장에서 느끼는 스트레스와 제대로 준비되어 있지 않은 상태가 얼마나 불편한지 스스로가 더 잘 알기 때문에 더욱더 까다롭고 까칠하게 이야기를 하고 요구하게 돼요.

통번역대학원 다니는 사람들은 새침하고 얌체 같고 까다로운 이미지가 있지 않아요? 근데 이런 이미지는 통역 현장에서 만들어지는 것 같아요. 요구사항을 제대로 이야기해야 하니까요. 하지만 우리나라에서는 '왜 저렇게 할 말 다 해? 왜 저렇게 까칠해?'라고 받아들여지는 거죠. 그런데도 계속 이야기는 해야 해요. 까칠하고 까칼스러우면서도 또 둥글둥글해야 해요. 사실 우리도 서비스직이기 때문에 갑에게 막 대할 수는 없어요. 영업도 해야 하고...

Q 통번역사 공급이 많아지고 있는데 이에 대한 불안감을 느끼시나요?

불안감 늘 있죠. 왜냐하면 프리랜서 통번역사는 전문직이면서도 아주 대표적인 비정규직이거든요. 당장 다음 달에 일이 없으면 그냥 백수가 되는 거예요. 근데 그게 한 달, 두 달, 석 달 지속되면 '직업을 바꿔야 하나?'라는 생각을 하게 되죠. 경력이 10년 넘는 선배님들도 늘 경력 단절이라는 불안에 놓여있어요. 10년 차인데... 아무도 우리의 고용을 보장해주지 않으니까요. 그러니까 늘 배워야 하고 스스로 홍보도 많이 해야 해요. 그리고 특히 전문분야를 만들어야 해요. 예를 들면 화장품, 의학, IT, 법률 쪽? 법학은 한국과 중국의 법률 체계가 완전히 달라서 그런지 이 분야를 전문적으로 하시는 분은 없어요. 아직까지 법률 분야에서 현장 경험이 많고 따로 법학을 전문적으로 공부하신 분들이 없더라고요. 금융, 펀드 분야도 마찬가지고요. 그리고 한·중·영 3개 국어가 가능한 통역사를 섭외하려면 1.5배 혹은 2배를 더 줘야 해서 만약 영어를 잘한다면 정말 전망이 괜찮다고 볼 수 있어요.

Q 통번역사의 전망은 어떻게 보시는지요?

통역사가 점점 더 많이 배출되니까 경쟁력은 더 떨어지겠죠. 저와 또래이거나 선배 통번역사들은 경력을 보고 섭외가 되지만 문제는 지금 재학생들 그리고 졸업생들 같은 경우에는 경쟁해야 할 통역사들이 너무 많은 거죠. 이미 위에 교수님들, 대학원 강사 선생님들, 프리랜서 10년차 선배들이 너무 많아서 그 가운데서 특화되려면 전문분야가 반드시 있어야 해요. 통번역사는 매년 배출이 되는데 자신만의 특화된 전문분야가 없으면 결국엔 전망이 불투명해질 수밖에 없어요.

Q 통번역사는 어떤 스타일의 직업인가요?

그림자 같은 존재. 너무 나를 높일 필요도 없고 그렇다고 나를 숨길 필요는 없는, 나를 너무 드러내서도 안 되지만 그렇다고 숨을 필요까지는 없는 존재. 쉽게 말하면 너무 나대도 안 되고 숨어도 안 되고 늘 곁에 있지만 존재가 느껴지지 않는?(웃음) 어느 직업과 비교를 해도 가장 균형을 잘 맞춰야 하는 직업이죠.

요즘 스타 통역사에 대한 이야기도 있어요. 너무 화려하게 연예인처럼 입고 통역하는 경우가 있는데 사실 통역사는 주목을 받으면 안 되는 직업이에요. 공식적인 자리에서 내가 너무 오버하거나 연사가 전하라고 한 메시지가 아닌데 퍼포먼스를 멋있게 할 필요는 없거든요. 너무 드러나지 않으면서 묵묵하게 하는 게 중요해요. 각광받고 싶다면 다른 일을 해야죠. 내가 직접 연사가 되든지 방송을 하든지.

하지만 현장에서는 화려함을 드러내지 않고 제대로 통역을 해야 해요. 화려하고 멋있어 보이는 통역사보다는 묵묵하게 하시는 분들이 롤모델이거든요. 저도 그렇게 하려고 노력해야겠고.(웃음)

Q 악덕 에이전시가 많은가요?

있죠. 에이전시에서 문자가 딱 와요. '몇 월 며칠 동시통역 가능하세요? 50만 원', 근데 알고보니 5명에게 동시에 문자를 보내서 경쟁을 붙이는 거죠. 제가 봤을 때 그건 도저히 50만 원에 할 수 있는 통역이 아니었고 100만 원을 줘도 할까 말까라고 생각해서 안 한다고 했는데 알고 보니 두세 명에게 섭외문자를 보내서 그 가격을 받아들이는 사람에게 그 일을 주는 거죠. 근데 사실 에이전시는 그렇게 하면 안 되죠. 에이전시는 통역사의 상황을 대변해주고 통역사에게 클라이언트의 상황을 전달해줘야 하는 건데…

그리고 통역료의 절반 이상의 수수료를 떼어가는 에이전시가 있어요. 통역사의 단가문제 정말 개선해야 해요. 만약 저렴한 단가에 통역했다면 "이거 50만 원이면 정말 싼 거예요. 이 정도 규모에 이 정도 시간이면 원래 70만 원 정도는 받아야 하지만 하고싶은 분야라서 50만 원이 적지만 그래도 해보겠습니다"라고 반드시 이야기해야 해요. 매번 선뜻 "50만 원 통역 제가 할게요" 이렇게 하면 안 돼요. 동시통역 3시간을 30만 원에 하는 통역사들도 있는데 이건 기본 요율에 한참 못 미쳐요. 통역이든 번역이든 낮은 단가에 들어올 수 있고 물론 할 수도 있어요. 그렇지만 어렵더라도, 돌려서라도 꼭 말은 해야 해요.

1원이라도 올려야 해요. 그거 조금 올린다고 내 삶이 더 윤택해지는 건 아니더라도 단돈 만 원이라도 올려야 해요. 그래야 우리 밥그릇을 지킬 수 있어요. 악덕 에이전시처럼 통역사들끼리 경쟁 붙이는 거에 통역사가 놀아나면 안 된다는 거죠.

선배님, 교수님들이 어렵게 지켜온 부분이에요. 내가 지금 싸게 받고 일을 하면 부메랑처럼 나에게 돌아와요. 싸게 하면 어차피 자기 발등 찍는 거예요.

Q 2년 간의 통번역대학원 생활을 5글자로 표현한다면요?

'정말 빡세다', 하나 더 말 해도 돼요? '너무 행복해', 정말 빡세지만, 정말 행복했어요. 저는 통번역대학원을 삼수해서 붙었어요. 나에게 소속감을 줬다는 것 자체가 행복했어요. 그리고 우리나라의 최고 전문가들에게 통번역을 배울 수 있고 직접 얼굴을 보면서 배울 수 있다는 것에 행복했어요. 합격 통지서를 받자마자 교수님께서 과제를 주셨는데 그 과제를 하는 것조차도 너무 행복한 거예요.

저는 통대 다니는 2년 동안 정말 바쁘게 살았어요. 아침 7시 30분에 기업 출강을 하러 가고 오전 9시부터 저녁 6시까지 수업을 듣고 바로 집에 와서 과제 하고... 국제학 수업은 영어로 진행되서 따로 영어 공부도 해야 했어요. 중국어 통번역만 해도 힘든데 영어까지 하니까 힘들었죠. 저녁에 관광통역안내사 강의도 하고 중간중간 번역일도 하고 그래서 방학만 기다렸어요. 놀 시간이 별로 없었어요.

후회 없는 2년을 보냈죠. 제가 하기 싫은데 한 것들은 단 한 가지도 없었어요. 그래서 정말 행복했어요.

Q 임미라 통역사님에게 통번역대학원 동기는 어떤 존재인가요?

동기는 정말 가족과 같은 존재. 남편도 가족도 날 이해해주지만 내가 공부한 과정이나 어떤 일을 하는지 제일 잘 이해하는 사람은 동기거든요. 동기 중에서도 통대 입시부터 같이 했던 동기들은 더 친하죠. 밑바닥 시절부터 같이 했으니까 정말 가족, 형제 같은 사람이죠. 겉치레하지 않아도 나를 이해하고 나를 솔직하게 보여줄 수 있는 사람들. '동기 사랑 나라 사랑'이라는 말도 있잖아요. 학교 다닐 때는 골라요. 나중에 일 주는 사람도 동기들 뿐이고. 동기들한테 잘하세요.(웃음)

Q 프리랜서 통번역사는 인맥 없이는 하기 힘든 직업이라고 하는데 인맥 관리가 꼭 필요한 걸까요?

맞지 않는 사람이랑 굳이 힘들게 노력하면서 관계를 유지할 필요는 없다고 생각해요. 통대 입시 때부터 스터디를 하잖아요. 학교에서도 통역 파트너를 정하기도 하고 근데 스터디 파트너를 정하는 과정에서 단지 미안한 마음에 성향도 맞지 않는데 관계를 유지하려고 하면 결국에는 후회해요. 스터디에만 집중해도 모자를 텐데 동기 비위 맞춰주고 원하는 방향으로만 해준다면 불필요한 에너지 소모만 돼요. 스터디는 맞는 사람을 찾아야 하고 일할 때도 마찬가지예요. 잘 맞는 동기를 찾아야 해요. 나중에 일할 때 자기와 잘 맞는 그 동기와 통역 파트너를 할 가능성이 높고요. 통역에만 집중할 수 있잖아요. 이 직업 자체가 고강도의 직업이기 때문에 애초에 맞지 않는 사람은 일찌감치 버리는 게 나아요. 선택과 집중을 해야 해요.

**Q 동시통역 부스 안에서
통역 파트너 간 지켜야 할 예의/에티켓이 있다면요?**

이상한 파트너들도 굉장히 많아요. 옆에서 기침하고 하품하고 헛기침하는 사람들도 있어요. 부스 안에서 휴대폰 진동 울리는 사람들도 있어요. 심리적으로 굉장히 예민해지죠. 근데 그런 통역 파트너를 만났을 때는 빨리 이야기해줘야 해요. 싸가지 없어 보일지라도 본인이 모를 수 있기 때문에 말해줘야 해요. 그 사람을 위해서라도 이야기해야 해요.

여름에는 부스 내부가 굉장히 더워서 미니 선풍기라도 켜고 싶어도 청중들에게 그 미세한 소리가 다 들리거든요. 그래서 부스 안에서는 정말 목소리 이외의 소리가 밖으로 나가는 것 자체를 조심해야 해요. 컴플레인이 걸릴 수도 있어요. 기침 소리, 휴대폰 진동 이런 것들은 청중에게 예의가 아니니까요.

Q 프리랜서 통번역사의 삶을 5글자로 표현한다면요?

'독박 통번역', 혼자 북 치고 장구 치고 다 해야 해요. 혼자 다 잘해야 하고 하나라도 구멍 나면 안 되니까요.

Q 통역 일을 하시면서 어떤 순간이 가장 행복하신가요?

사실 통역이 끝날 때마다 행복해요. 매번 행복하죠. 매번 통역이 끝나는 그 순간. "자 끝났습니다. 수고하셨습니다. 통역사님 조심히 가세요"라고 하는 순간이 너무 행복해요. 준비를 너무 열심히 해서 끝나는 순간 마음의 짐을 내려놓을 수 있으니까요.

제가 만났던 연사 중에 제일 직급이 높은 분이 시진핑 주석, 알리바바 마윈 회장님이었어요. 좋은 기회로 현장에 투입되어서 통역을 하게 되었는데 재치 있으면서도 겸손을 잃지 않는 마윈 회장님은 정말 인상 깊었어요. 항상 책으로만 뵙고 연설 영상으로 통역 연습을 했었는데 실제로 만나 가까운 거리에서 통역할 수 있다는 게 행복했어요.

Q 통번역 일이 없을 때 주로 어떻게 시간을 보내시나요?

모범생 같은 대답일 수 있는데 저는 동기랑 매주 스터디를 해요. 매주 1회씩. 근데 정말 해야 해요. 꾸준히 하지 않으면 언어 감을 잃어요. 각자 통역했던 자료로 같이 연습하기도 하고 최근 이슈를 주제로 토론도 하고. 잘 아시겠지만 통대 입시 때처럼 시역, 순차통역, 동시통역 등의 방식으로 진행해요.

일을 계속해서 하는 통역사들은 굳이 스터디를 해서 감을 찾을 필요는 없겠지만 물리적으로 계속해서 통역 일을 하는 건 제 기준에서는 벅찬 스케줄이에요.

Q 프리랜서 통번역사는 워라밸이 가능한가요?

프리랜서 자체가 워라밸이 불가능해요. 일이 많아질수록 더더욱 그러하죠. 아쉬움은 있지만 이 직업을 선택한 순간 숙명으로 받아들이기 때문에 어쩔 수 없는 것 같아요. 밸런스를 맞추기가 힘들죠.

프리랜서는 가장 프리하지 않아요. 주말도 내가 선택할 수 없고 금요일에 일이 들어오면 주말을 할애해야 하니까 자연스럽게 주말은 없어지는 거죠. 하지만 주말 수당, 야근 수당은 없죠.(웃음)

Q 프리랜서 통번역사는 결국 '일'이 '삶'이 되는거네요?

그래서 저는 일 하는 시간과 자신의 삶은 확실히 구분해야 한다고 생각해요. 통번역 일을 할 때는 출퇴근하는 사람들처럼 똑같이 일하고 있다고 생각해야 할 것 같아요. 일과 삶을 분리할 필요가 있어요. 그래야 집중할 수 있고 일처럼 할 수 있어요.

특히 번역할 때 이런 생각을 많이 해요. 카페에서 번역하고 여유롭게 일할 수 있는 통번역사의 삶을 부러워 하시는데 현실은 단 한 번도 여유롭게 한 적이 없어요. 통번역사는 마치 기계처럼 글을 집어넣으면 번역문이 바로 쪽 나올 것이라고 생각하시나 봐요. 그래서 번역 납기일이 너무 짧아요. 그렇기 때문에 더더욱 지금 내가 출근했다고 생각하고 일을 해야 하는 것 같아요. 저녁 11시부터 작업을 한다면 지금 야근하려고 11시에 회사에 왔다고 생각하고 일을 해야지 더 집중해서 할 수 있는 것 같아요. 오히려 프리랜서이기 때문에 일과 삶의 분리가 더욱 필요하다고 생각해요… 그래야 본인도 버틸 수 있고요.

Q 프리랜서 통번역사의 '고정적이지 않은 수입'에 대한 불안감이 있으신가요?

불안감 늘 있어요. 후배들이 자주 물어봐요. 프리랜서를 하고 싶은데 고정 수입이 필요하다고 하면 저는 프리랜서를 하지 말라고 해요. 위험 부담이 너무 커요.

'그래도 한 달에 100만 원은 들어오지 않을까?'라고 생각하지만 사드 같은 특수한 외교적인 사건이 터지게 되면 수입이 '0 원'이 될 수 있거든요. 고정 수입이 필요하다면 고정수입을 받을 수 있는 과외나 강의를 하거나 직장에 들어가야 해요. 인하우스 통번역사는 프리랜서 통번역사를 부러워하고 프리랜서 통번역사는 인하우스 통번역사를 부러워해요.(웃음)

**Q 통번역 일이 한꺼번에 몰릴 때 선택을 해야 하잖아요.
일을 선택하는 기준이 있나요?**

제 경력과 실력을 기준으로 일주일에 1건 이상은 받으면 안 될 것 같아요. 동시통역은 일주일에 한 건, 번역은 분량에 따라서 다르지만요. 예를 들어 통역 두 건이 들어왔는데 한 건은 제가 늘 하던 분야의 통역이고 한 건은 처음 하는 분야의 통역이라면 일주일에 두 건도 가능할 수 있겠는데 두 건 모두 처음 하는 분야의 통역, 둘 다 어려운 통역이라면 욕심은 날 것 같지만 하나는 내려놓아야 하는 것 같아요. 늘 선택해야 하고 늘 집중해야 하고 어렵네요. 그래서 항상 섭외가 들어왔을 때 그 자리에서 할 수 있다, 할 수 없다를 결정하면 안 돼요.

이건 팁인데 통번역 섭외가 들어왔을 때 "제가 정확히는 모르겠는데 스케줄 보고 말씀드릴게요"라고 말씀드리고 어떤 회의인지 위치가 어딘지 등등 상황을 따져서 걸러내야 해요. 욕심이 나서 다 한다고 했는데 일정이 겹치거나 너무 멀거나 하면 힘들거든요.

어떤 통역사들은 같은 날 두 건을 하시는 분들도 있는데 사실 그런 일정이 어떻게 보면 후배 통역사들은 부러울 수도 있어요. 근데 그렇게 촉박하게 스케줄이 붙어있으면 결국에 통역에 문제가 생길 수도 있어요. 기준은 요율, 회의장 위치, 주제 등 다양한 부분을 고려해야겠지요. 이것도 참 어렵네요.(웃음)

Q 프리랜서 통번역사가 명심해야 할 점이 있다면요?

'안정적인 삶을 기대하지 말라', 절대 안정적이지 않아요. 안정적인 것과 굉장히 거리가 멀어요. 그런데도 하고 싶다면 해야죠.

저 같은 경우에는 통역 건수를 늘리는 게 목표가 아니라 받은 통역의 퀄리티를 높이는 게 목표이다 보니 스트레스가 덜한 것 같아요. 그럼에도 늘 왜 일이 없냐며 징징대기는 합니다.(웃음)

Q 임미라 통역사님이 생각하시는 통번역사의 이미지는 어떠한가요?

욕심은 많은데 의지가 안 따라주는 사람. 그런데 신기하게 제 주변의 통역사들은 다 그래요. 주변 통번역사들은 스스로 게으르다고 하는데 왜 그렇게 느끼냐 하면 하고 싶은 게 열 가지인데 자기는 세 가지밖에 안 하고 있으니까 게으르다고 생각하는 거예요. 근데 정말 게으른 사람은 하고 싶은 게 한 개 밖에 없어요. 제 주변에 통번역사들은 "나 너무 게으르다, 왜 내가 하고자 하는 걸 못하고 있지?" 라고들 해요.

이것도 해야 하고 저것도 해야 하는데 자기 기준에 못 미치니까 자신이 게으르다고 생각하는 것 같아요. 통번역사의 게으르다는 기준이 일반적인 게으름과는 다른 것 같아요. '물이 반 컵이나 있다'와 '물이 반 컵밖에 없다'는 것과 같은 맥락 아닐까요?(웃음)

Q 프리랜서 통번역사로 롱런할 수 있는 방법이 있나요?

돈을 바라보지 말고 이 일 자체를 좋아해야 해요. 이 일을 통해서 만족감과 성취감을 느껴야 해요. 만약 통역을 잘 못 했을 때 '때려치워야지'가 아니라 '다음번엔 더 잘하자', '다음번엔 이렇게 하면 더 잘할 수 있겠다'라는 연구와 생각을 함께 해야 해요. 근데 '내 실력은 안 되겠다, 나는 여기서 그만둬야겠다'고 생각하면 끝이에요. 저도 잘 안되는 부분이기는 합니다.(웃음)

Q 과거로 돌아간다면 또다시 이 직업을 선택하실 건가요?

할 것 같아요. 제가 통대 준비할 때까지만 해도 선배들이 제게 "지금이라도 포기해, 공채 준비해"라고 했어요. "통대 나와도 많이 못 벌 수 있어"라고 현실적인 얘기를 많이 해줬어요. 그 당시에도 포기할 수 있는 이유는 많았지만 여기까지 온 걸 보면 과거로 돌아가도 이 직업을 선택할 것 같아요. 그리고 전 이 직업에 너무 만족해요. 누가 하고 싶다고 하면 무조건 하라고 해요. 그렇지만 현실적인 이야기는 꼭 다 해주는 편이에요. 나중에 저를 원망하면 안 되잖아요.(웃음)

Q 궁극적으로 어떤 통번역사가 되고 싶으신가요?

저는 오래 일하는 통역사가 되고 싶어요. 일이 많은 통역사가 아니라 일을 오래 할 수 있는 통역사가 되고 싶어요. 1년에 한 번만 통역해도 좋아요. 통역하는 할머니가 되고 싶어요. 물론 일을 많이 할 수는 있겠지만 언젠가는 과부하가 오고 회의감이 몰려올 것 같아요. 정말 열심히 했는데 생각했던 것보다 소득이 없을 수 있고 가족과 연인과 자녀와의 시간을 내려놓고 그만큼 투자를 했는데 생각만큼 남는 건 없을 수 있잖아요. 그래서 길게 가려면 통번역을 돈벌이로 생각하면 안 되고 사랑하는 연인이라고 생각하면서 완급 조절을 해야 해요. 나와 일과의 관계를 계속 관리해줘야 해요.

Q 임미라 통역사님의 신념은 무엇인가요?

뭐든지 되라는 법은 없다. 안 될 수도 있다. 집착하지 말자. 살아보니 내가 열(10)을 투자했다고 해서 열(10)이 다 돌아오지 않더라고요. 안 될 수도 있지. 조금은 내려놔야 해요. 포기 할 건 빨리 버리고 잘 하는 걸 제대로 하자.

Q 세월이 흘러서 통번역을 완전히 하지 못 하는 순간이 온다면 어떠실 것 같나요?

세월이 흘러서 이 업을 내려놔야 할 때라... 되게 슬프네요. 뭔가 이혼하는 느낌? 너를 보내 줄게. 20년 산 배우자와 이혼하는 느낌일 것 같아요.

만약 그 순간이 오면 물러나야겠죠. 막 기쁘진 않을 것 같아요.

사람은 태어날 때 다섯 가지 재능을 가지고 태어난다고 해요. 다섯 가지 중의 한 가지 재능만 찾아줘도 엄마의 역할은 다 한 거라는 말이 있어요. 저는 그 다섯 가지 중의 한 가지를 이미 찾았고 그걸 직업으로 삼고 있잖아요. 슬픈 마음도 있지만, 재능을 찾아 주신 부모님에 대한 감사함도 클 것 같아요. 하지만 이 직업으로부터 꼭 떠나야 한다면 보내주고 나머지 재능을 다시 찾아야겠죠.

Q 만약 혼자 여행을 떠날 시간이 주어진다면 어디서 어떻게 시간을 보내고 싶으신가요?

혼자? 너무 좋다. 아무도 없는 섬에서 혼자 멍 때리고 싶어요. 정말 조용하게 아무 생각 없이 내 뇌를 비우고 명상하고 싶어요. 보라보라섬이라고 알아요? 지인이 그 섬에 갔는데 너무 조용하고 아무도 없어서 정말 좋았대요. 그래서 보라보라섬에 혼자 가보고 싶어요. 그냥 아무것도 안 한 채로 있고 싶어요. 딱 3일만.

3일이면 될 것 같아요. 통역사들이 되게 부지런해요. 가만히 있지를 못해요. 계속 뭔가를 해요. 3일이 넘어가면 오히려 불안해지고 지루해질 것 같아요. 제 주변에 다 그래요. "나는 왜 이렇게 힘들지?" 하면 주변에서 쉬라고 하는데 막상 쉬면 본인이 괴로워요. 어쩔 수가 없어요.

Q 이상적인 행복이란?

열 개 중에 하나라도 내가 하고 싶은 것을 하는 것. 그게 무엇이든지 간에 자기가 하루에 10분이라도 하고 싶은 한 가지를 하면 저는 그게 굉장히 행복한 거라고 생각해요. 그것도 사실 큰 욕심이라고 생각될 때도 있어요. 자기가 하고 싶은 한 가지도 못하는 사람도 있잖아요. 일도 싫고 연애도 못 하고 있고 결혼도 못 하고 아이도 안 생기고... 근데 그중에서 나는 돈도 없고 집도 없고 직업도 없지만 내가 가지고 싶었던 아이가 생겼다면 정말 행복해지지 않을까요?

자기가 원했던 열 가지 중의 한 가지를 얻은 거니까요.

Q 프리랜서 통번역사에게 해주고 싶은 말씀이 있나요?

고민할 필요가 없는 게 자기가 하고 싶은 것을 선택하면 돼요. 어려운 게 아니에요. 자기가 뭘 좋아하는지 알면 선택을 내리는 게 쉬워져요.

저는 제가 좋아하는 쪽으로 선택을 하다 보니까 오히려 후회하는 선택은 없었어요.

안정적인 삶을 기대하지 말라.

후배들이 자주 물어봐요.

프리랜서를 하고 싶은데 고정 수입이 필요하다고 하면

저는 프리랜서를 하지 말라고 해요.

위험부담이 너무 커요.

절대 안정적이지 않아요.

안정적인 것과 굉장히 거리가 멀어요.

통번역사를 둘러싼 환상과 현실과의 괴리에 대하여

이무헌

아리랑 TV 미디어 사업센터 PD

"엄밀히 말하면 회사에서
통번역을 주요 업무라고
생각하지 않아요.
부가 업무라고 생각을 하죠."

Q 간단한 자기소개 부탁드립니다.

저는 아리랑 TV 미디어 사업센터 PD로 일을 하고 있습니다. 제가 하는 일은 중화권을 대상으로 한국 문화를 홍보할 수 있는 이벤트, 프로그램 제작, 초청사업, 팸 투어 같은 전반적인 국제 방송 교류 분야의 업무를 맡고 있다고 보시면 될 것 같아요. 제가 대부분의 기획과 총괄을 하고 있습니다.

Q 요즘 어떻게 지내시나요?

요즘은 굉장히 바쁘게 지내고 있어요. 아리랑 TV는 공기업이고 공공기관이거든요. 그래서 저희 주요 고객들, 광고주들이 지자체, 중앙기관, 정부기관이라서 아무래도 국가적인 사업이나 국가 발전 방향에 많은 영향을 받습니다. 아시다시피 2019년에는 임시정부 100주년, 3.1운동 100주년 특히 남북한이 평화 모드로 접어들었잖아요. 그래서 정부기관에서 전국적으로 새로운 시대에 대한 변화를 적극적으로 준비하고 계세요. 예를 들어 강원도 같은 경우는 강원평화특별자치도를 만들려고 하거든요. 그쪽에 남북한 사람들이 자유롭게 왕래할 수 있는 시범지역을 만들어서 통일시대, 평화 시대에 닿게 시범적으로 운영하는 거죠. 그리고 철도로 이어진 지역들은 이제 남북한 평화 시대를 준비하고 있습니다. 그러다 보니 지역마다 자신만의 평화 아젠다를 제시하거든요. 저희는 이런 부분들을 해외에 알리고 또 교류를 진행할 수 있게끔 도움을 드려야 해서 함께 사업을 기획하고 있습니다.

2018년도에는 평창동계올림픽이 가장 큰 행사였는데요. 평창동계올림픽 끝나고 나서는 한가해지지 않을까 했는데 남북한 평화모드가 발표되면서 요즘에는 더 바쁘게 지내고 있어요.

Q 인터뷰이를 섭외하는 데 많은 어려움이 있었는데 흔쾌히 응해 주셔서 정말 감사합니다.

저희도 프로그램 제작을 하다 보니 인터뷰를 많이 하거든요. 도지사님, 장관님, 총리님. 할 때마다 인터뷰를 잡기가 굉장히 힘들더라고요. 후배님이 아무래도 인터뷰를 잡으실 때 많은 어려움이 있었을 것 같아요. 그래서 저까지 거부하면 안 될 것 같아서(웃음) 그리고 아무래도 통번역사들이 자신을 앞으로 내세우지 않잖아요. 다들 몸을 많이 사리실 거예요. 게다가 저는 남을 많이 찍어주는 직업이다 보니 오히려 개인적인 사진은 잘 찍지 않거든요. 처음에는 망설이긴 했는데 좋은 일을 하고 계셔서 도와드리고 싶었어요.(웃음)

Q 중국어 공부를 시작하시게 된 계기가 있나요?

제가 2001년도에 대학교에 들어갔는데 그때 중국이 WTO에 가입했어요. 그래서 주변에 있던 모든 분이 '이제 중국의 시대다'라고 하셨어요. 그래서 '아 그러면 중국어를 공부해야겠다' 싶어서 중국어를 시작하게 되었습니다.

물론 주변 사람들의 말에 귀 기울여지기도 했지만 어렸을 때부터 중국 고전들을 매우 좋아해서 중국이 뜨고 있다는 이야기를 들었을 때 제가 중국어를 선택하는 과정이 빠르고 쉬웠던 것 같아요.

Q 다른 언어에 대한 궁금증은 없으셨나요?

어렸을 때 영어를 공부하는 방식으로 중국어 공부를 하지 않았던 것 같아요. 주입식으로 하지 않았어요. 보통 한국식 영어 교육은 단어 외우고 시험 보고 듣기듯가를 하잖아요. 단어는 정말 많이 외웠는데 어떻게 조합을 해야 하는지를 몰랐죠. 그래서 중국어는 문장을 많이 외웠던 것 같아요. 그러다 보니 영어보다 문장 조합이 쉬웠어요. 문장만 정말 많이 외웠던 것 같아요.

Q 통번역대학원 진학을 생각하시게 된 계기가 있나요?

졸업을 앞둔 상황에서 제 자신을 돌아봤을 때 중국어 능력이 좋지 않다고 생각하게 되었어요. '설령 취업하게 된다고 하더라도 중국어로 먹고 살기에 내가 충분한 중국어 실력을 갖추고 있는가'라는 의구심이 들었어요. 실적이 좋을지 업무를 잘 해낼 수 있을지에 대한 의문이 들기도 했고요. 그러다가 학부 선배님이 한국외대 통번역대학원을 입학 하셨다고 학교를 찾아오신 거예요. 그때 통번역대학원이라는 대학원이 존재한다는 걸 처음 알았어요. 그래서 여쭤봤더니 그 대학원에 가면 중국어를 더 심화할 수 있다는 말을 들었어요.

그 당시에 제가 왜 의구심이 들었냐면 HSK 문제집 있잖아요. 어느 정도 준비하면 딸 수 있을 것 같았지만 거기 나오는 지문들을 제대로 파악하고 있는지 혹은 이 지문들을 내가 제대로 말할 수 있는지, 이 지문들을 스스로 쓸 수 있는지 반문했을 때 확답이 서지 않았었죠. 문제집에 있는 내용을 다 이해해서 푸는 게 아니라 그냥 어렴풋이 알고 풀게 되는 그런 상황이었어요. 해석이 잘 된 것도 아니고 단어 몇 개 보고 유추해서 문제를 푸는 그런 상황을 직면하면서 제 실력에 대한 의구심이 들었어요. 이 정도의 중국어 실력이라면 결국 예전에 영어를 배울 때의 저의 모습과 똑같지 않나... 물론 수능 언어에서 보는 지문과 HSK 지문의 난이도는 훨씬 차이가 있지만요.

Q 2년 간의 통번역대학원 생활을 5글자로 표현한다면요?

'직역과 의역'

먼저 이유를 말씀드리기 전에 저는 통번역사를 하고 싶지는 않았어요. 통번역이라는 학문이 굉장히 매력적이고, 필요하고, 멋진 탤런트라고 생각했지만 통번역사가 제 꿈은 아니었던 것 같아요. 만약 누군가가 문학을 쓰는 게 중국어를 더 잘할 수 있는 방법이라고 했다면 전 중국문학 쪽으로 갔을 것 같아요. 다만 그 시기에 선배님이 통번역대학원을 가면 고급 중국어를 배울 수 있다고 하셔서 가게 된 거죠.

근데 통번역대학원 입학 후에 저는 오히려 '어떤 것이 고급 중국어인가'라는 고민을 하게 됐어요. 통번역대학원에서 배우는 학문은 자신이 어떤 무언가를 창조해 내는 게 아니라 남들의 콘텐츠를 번역하는 과정, 전달하는 과정이잖아요. 저는 그 과정에서 고민되었던 게 사람들이 통번역에 대해서 이 표현이 '직역인가' 혹은 '의역인가'를 두고 토론을 하는데 '과연 직역이라는 게 정말 있었던가, 모든 것은 의역이 아니었나?'라는 생각을 했어요. 저로서는 직역을 직역이라고 말하는 내용이 조금 무성의하게 느껴졌었어요.

Q 좀 더 상세하게 설명해주실 수 있나요?

노신의 말을 보면 직역과 의역에 대한 이야기가 나와요. '좋은 번역일수록 굉장히 탁하다' 또 '순조롭게 진행되지 않는다'는 말이 있거든요. 그 의미가 어떤 의미인지는 굉장히 이해가 가요. 으리의 모든 번역 과정을 살펴 볼 필요가 있어요.

한국은 불경을 번역하는 과정이 있지 않습니까? 불경을 번역하는 과정에서 불경 그대로의 언어 구조를 직역하여 전달함에 따라 우리 한국의 언어 자체가 더 풍투해질 수 있다고는 생각해요. 하지만 외국인들이 하는 말을 한국인들에게 제대로 전달하려면 직역이 아닌 한국 사람들이 이해하기 쉬운 방법으로 번역을 해야 했지 않나.

Q 통번역대학원에서는 직역과 의역에 대한 명확한 기준이 없는데 선배님께서 생각하시는 직역과 의역의 차이는 무엇인가요?

직역이라는 것은 때에 따라서 메시지만 가지고 오는 것이 아니라 상대 국가의 언어 형식도 가져오는 과정이고, 의역이라는 것은 형식을 최대한 배제해서 사람들에게 핵심 메시지만 전달하는 과정이 아닐까요. 그리고 그 과정은 어차피 통역사가 선택을 하기 때문에 처음부터 직역은 없고 모든 것이 의역이 아니었나. 직역과 의역에 대해서 많이 생각했던 것 같아요. 지금도...

대학원 다닐 때는 막연하게 '의역이 더 옳은 것이 아닌가?' 이렇게만 생각하다가 일을 하면서 이 문제에 대해서 더 많은 고민을 하게 되었어요. 제가 처음 삼성에서 일할 때도 회사 사람들, 사장님, 팀장님의 말을 정확하게 전달해야 했는데 직역으로 통역했을 때는 한국과 중국 두 쪽 다 제 말을 이해하지 못하셨어요. 그래서 이제 직역으로 통역하면 안 되고 한국 정서에 맞게 바꿔서 전달해야 했죠. 그런 과정에서 직역이 과연 원활한 소통을 돕고 있냐는 생각을 많이 하게 되었어요. 그렇다고 직역 자체가 의미 없다고는 말할 수 없는 것이 예를 들어 영어도 직역 형태로 들어와서 한국에 있는 언어를 더욱 풍부하게 해줬잖아요. 그리고 서양 언어, 불교 언어가 들어오기 전까지 동양의 언어는 대부분 능동형이었는데 그 후에 피동형과 사역형이 많이 들어왔어요. 그게 언어를 더 풍부하게 해줬다고 생각하거든요. 직역도 긍정적인 의미가 있지만 사실 그건 장기적으로 봤을 때이고 단기적으로는 현장에서 직역이 아닌 의역을 해주는 것이 더 맞지 않나. 그 사람이 지금 빨리 이해할 수 있는 메시지만 전달하는 거죠. 만약 통역하는데 언어의 형식까지 모두 가져와

버리면 그 형식이 메시지 전달을 방해하지 않나. 그래서 처음부터 직역과 의역을 나누는 것 자체가 잘못된 접근법이라고 생각해요.

실질적으로 비즈니스를 하고 사업 기획을 할 때 제가 쓰는 한국어의 언어 방식을 그대로 중국인에게 전달하면 효율적이지 않더라고요. 그렇기에 모든 업무는, 모든 통번역은 기본적으로 의역을 해야 한다. 물론 가끔은 형식을 가져올 때가 필요하지만요.

Q 통번역 교육에 대한 의구심이 들었나요?

직역과 의역에 대한 고민과 이어지는데요. 굳이 말씀드리면 통번역대학원의 번역이나 통역은 아나운서가 쓰는 딱딱한 기사문 같았어요.

그 당시 한국외국어대학교 통번역대학원의 한 교수님께서 도울 선생님의 번역을 비판하는 글이 있었거든요. 이 부분에 대해서 어떤 것이 더 좋은 통번역인가로 토론을 했었어요. 저희 학과의 전반적인 분위기는 도울 선생님이 번역을 제대로 하지 않았다고 했지만 저는 그때 생각이 좀 달랐어요. 도울 선생님이 번역하신 글은 줄을 긋는 느낌이었어요. 그러다 보니 도울 선생님의 번역은 의미의 개입이 훨씬 더 컸던 것 같아요. 만약 이 글을 기사문처럼 번역했다면 이 글을 독자가 제대로 이해할 수 있을까? 기사글의 핵심은 육하원칙에 따른 팩트인데 그 육하원칙의 사실에 근거하지 않고 논리와 감성과 사유로만 구성된 글이 있다고 한다면 그럼 그 글은 어떻게 번역할 것인가. 육하원칙으로만 번역될 수 있을까. 기사문 형태로 번역할 수 있을까.

한 문장 한 문장 시대적 배경도 적어줘야 하고 적극적으로 개입을 할 수밖에 없지 않은가. 기사문 형태로 번역하는 것이 옳은 것인지 아니면 줄을 다는 것처럼 번역하는 것이 옳은 것인지... 이것에 대해서 고민을 했던 게 가장 강렬하게 기억에 남아요.

Q 앞서 말씀하신 내용 중에 '줄을 달 듯이 번역을 한다는 것'을 구체적인 예시를 들어 설명해주실 수 있나요?

도덕경의 '도가도 비상도(道可道非常道)'를 예로 들어볼게요. '도를 도라고 하면 도가 아니고, 그것은 상도가 아니다', 만약 이 상태로 번역을 놔둔다면 시대가 지났을 때 모든 사람이 그 의미를 직관적으로 바로 받아들일 수는 없잖아요. 마찬가지로 지금 저희가 흔히 쓰고 있는 말들은 몇백 년이 지나고 나서는 직관적으로 이해가 되지 않는 말이 될 수도 있어요. 그러면 번역을 할 때 이 말이 나오게 된 배경과 왜 이렇게 번역을 했는지까지 그 의미가 적혀 있어야 한다고 생각해요. 적극적으로 개입을 할 필요가 있지 않은가라는 생각을 하게 되었어요.

Q 통번역대학원에서 통번역학을 배우실 때 어떤 부분이 부족했다고 생각하시나요?

이것도 좀 난해할 수 있는데요. 개인적으로 느낀 점은 철학의 부재가 가장 크지 않았나.

그러니까 통번역을 해야 하는 가장 기본적인 원칙이 무엇인가, 궁극적인 취지가 무엇인가 했을 때의 명확한 답이 없었던 것 같아요. 그 취지에 대한 명확한 답을 주지 못하다 보니 통역 방식도 항상 임시변통적이었던 거죠.

사이언스와 테크놀로지를 비교하면 사이언스는 결국 정량화된 방법이고 테크놀로지는 정량화된 방법을 실현할 수 있는 노하우나 수단인데, 근데 통번역은 상황에 따라서 임시변통적이라서 그런지 모든 사람의 말이 다 달랐어요. 메시지의 공통점이 정리되고 체계화가 되어야 하는데 그러지 못 했던 것 같아요. 솔직히 잡기술만 느는 느낌이 있었어요. 원래 과학이라는 것도 기초가 있으면 그 기초를 기반으로 응용이 나오는 거잖아요. 근데 통번역대학원의 교육은 기초 즉 베이직이 없었던 것 같아요. 항상 응용만 있지.

많은 사람들의 지적인 경험과 노하우를 담을 수 있는 기초 이론이 없었기 때문에 계속 줏대 없는 응용 기술만 남발되는 느낌이었죠.

Q 통번역대학원 학업과 (외부)통번역 일을 병행하셨나요?

대부분 방학 기간에 통번역 일을 많이 했어요. 그리고 학기 중에는 거의 안 했어요. 번역은 학기 중에 해도 괜찮다고 생각 했는데 통역은 가끔 나가는 정도? 기회비용이라고 해야 할까요?(웃음) 대학원 수업을 듣지 않고 밖에 나가서 통역 일을 하는 게 조금 의미없다고 생각했어요.

Q 통번역대학원을 졸업하시기 전에 '어떤 일을 해야겠다'라는 뚜렷한 목표나 진로가 있으셨나요?

아니요. 없었습니다. 그냥 중국어와 관련되어 있으면 어떤 일이라도 상관없겠다고 생각했었어요.(웃음) 졸업 후에 중국어와 관련된 분야에는 다 지원했었죠. 통번역직은 거의 비정규직이어서 '진로 선택을 잘못했나'라는 생각도 했었어요. 정규직으로 통번역사를 뽑는 곳이 거의 없으니까요. 그런데 취업 준비 과정에서 다른 사람들과 비교했을 때 뛰어난 장기 하나 있는 건 좋은 작용을 하더라고요. 그래서 저는 만약 '영업직에 들어가면 영업을 배우고 경영관리팀에 들어가면 경영을 배워야겠다'고 생각했어요. 어떤 분야를 들어가든지 중국어를 접목해서 좀 더 시너지를 내고 싶었어요.

Q 통번역대학원 졸업 후 가장 처음 어떤 일을 맡으셨나요?

중국 시안(西安) 반도체 공장 건설을 할 때 현장 파견을 나갔었어요. 그게 저에게는 정말 큰 경험이었던 것 같아요. 그때가 시진핑 주석이 막 부임할 때라 아직 장쩌민의 막후 세력이 굉장히 막강할 때였거든요. 시진핑의 정치세력이 아직 완성되지 않은 단계였어요. 그래서 시진핑은 자신의 정치적 고향이면서 아버지의 고향인 중국 서북지역의 시안을 정치적 토양으로 삼으려고 했었어요. 반도체 공장이 중국 시안으로 갔었던 이유가 바로 시진핑에게 잘 보이기 위해서였어요. 후에 들어봤더니 그 당시에 시안 반도체 공장 건설을 모두 반대했던 거로 알고 있어요. 모든 신문사가 시안은 안 된다고 했는데 정치적인 판단으로 인해서 그쪽으로 가게 되었죠. 그때 공장을 세워야 해서 농가를 밀었어야 했는데 농가를 허무는 단계부터 제가 투입됐었어요. 정부가 농민들을 설득하는 과정, 농민들이 이주하는 과정, 모든 과정을 눈앞에서 보게 되었어요. 시안 반도체 공장 건설 자체가 정치적인 이유가 많다 보니 삼성의 요직에 계셨던 분들이 많이들 오셨었어요. 이재용 부회장도 두 번인가 넘어왔었고요. ㅂ 공식적으로 중국 성장과 관련된 요직에 계신 분들을 오십여 명 이상 만난 것 같아요. 그때 큰 프로젝트 협의 방법과 실무진이 그 프로젝트를 받아가는 과정 등 거의 모든 과정을 눈으로 볼 수 있었어요.

Q 막 졸업한 새내기 통역사가 맡기에 버겁지는 않으셨나요?

그때는 능력이 안 됐죠. 근데 워낙 열심히 하려고 하니까 예쁘게 봐주셨던 것 같아요. 사회 생활을 하다 보면 아시겠지만 가끔은 일을 잘하는 것보다 열심히 하는 모습이 더 어필될 때가 있잖아요. 오전, 오후에 일이 아주 많아서 피곤해도 선배가 부르면 언제든지 나오니까 '이 후배가 열심히 하는구나' 싶어서 선배님들이 좋아하셨고 더 예쁘게 봐주시고 이끌어주셨어요. 그래서 처음에는 통번역 업무만 하다가 업무가 점점 더 많아지기 시작했죠. 정책 결정이 되는 과정들과 실제 현장에서 어떻게 진행되는지까지를 정말 생생하게 경험할 수 있었어요. 만약 한국이었다면 그 과정을 볼 수 없었을 거예요. 전체과정을 다 볼 수 있는 사람들이 그렇게 많지도 않고요. 이런 과정이 있었기 때문에 아무래도 현재 정부 사업을 할 때 어떤 구상으로 이 사업이 시작되었는지 유추되고 진행 프로세스를 이해하다 보니 사업 기획을 할 때 용이한 점이 많아요.

Q 삼성에서 통번역사로서 많은 것을 배울 수 있었을 텐데 어떤 이유로 퇴사를 결정하셨나요?

삼성전자에 있었을 때 제가 비정규직이었는데요. 그때 정규직으로 전환하기 위해서는 SSAT라는 인·적성 시험을 봐야 했어요. 과장급 선배님들은 인·적성 준비를 하라고 하셨고 차장님, 부장님, 회사를 곧 떠나시는 분들은 저에게 자영업을 하라고 하셨어요. 두 그룹이 너무 온도 차가 컸어요. 정규직이 돼도 정년퇴직이 될 시기에는 아무것도 할 수 없다는 거예요. 정년퇴임 이후의 삶, 더 멀리 보시고 저에게 충고를 해주신 거죠.

부가 설명을 좀 드리면 '관리의 삼성'은 모든 업무가 한 사람에게 의존되는 시스템을 용납하지 않아요. 그래서 모두 분업화를 시켜요. 한 인간의 혁신 기술을 대체 가능할 수 있도록 분업화를 해요. 그게 효율화의 첫 시스템이죠. 모든 혁신에 분업화가 이루어져요. 분업공정을 해야 한 사람에게 의존하지 않을 수 있거든요. 만약 어떤 사람이 OS 원천기술을 가지고 있다고 하면 삼성은 원천기술을 가지고 있는 사람에게 매달릴 수밖에 없어요. 그래서 원천기술을 가져와서 잘게 잘게 잘라버려요. 누군가가 빠져도 대체 가능한 거죠. 그래서 부장님, 차장님들은 직접 일을 하시지 않고 분해해 놓은 업무를 관리만 하세요. 그렇기 때문에 그분들은 실무를 하고 계시면서도 실무를 몰라요. 그런 구조였어요. 게다가 건축 분야에 있는 협력사가 기본 열 곳이 넘고 종사하는 사람들이 1,000여 명이 넘는데 삼성전자 부장님이 한번 뜨면 정말 회사가 난리가 나요. 그 권력에 취해 있어요. 회사에서 나갈 때 즈음 그때 떠받들었던 사람들도 이제는 이 부장이 아무런 필요가 없는 거죠.

거기서 오는 급격한 온도 차를 못 견뎌 해요. 엄청 무서워하죠.

Q 정년퇴직 이후의 삶을 생생하게 보시게 된 거네요?

아주 많이요. 그래서 '무언가를 배워야겠다'고 생각했고 프로그래밍을 공부하기 시작했어요. 1년 6개월 동안 대학원에서 공부했던 것보다 더 몰입해서 공부했죠. 근데 그 당시에 취업 지원금 200만 원을 받았는데 1년 6개월이 되니까 다 써버린 거예요. 다시 지원을 받으려면 4대 보험이 되는 곳에 취업해야 한다기에 구직을 시작했어요. 그 당시 교수님께서 저의 안부를 물으시면서 일자리를 자주 소개해주셨는데 그때 마침 아리랑 TV가 있었어요. 그때는 PD로 지원한 건 아니지만 통번역 업무만 하고 9 to 6(나인투식스)근무에 4대 보험도 되고 또 들어오기 전엔 몰랐는데 공기업이었던 거죠. 꿀 보직이라고 생각했어요. 통번역 업무를 하면서 개인 공부도 할 수 있고 주말 근무는 하지 않아도 돼서 마음에 들었죠. 시간이 지나서 국장님께서 갑자기 통역은 그냥 옵션으로 하고 기획을 하라고 하셨어요. 제가 공부하던 프로그래밍과 기획이 굉장히 닮아서 재미를 느꼈던 것 같아요. 그 당시에 국장님께서 사업기획을 하라고 저에게 제안하시지 않았더라면 저는 여기에 없었겠죠.

**Q 통번역사를 둘러싼 환상과 현실 사이,
　　가장 큰 괴리는 무엇인가요?**

통번역사가 되기 위해 쓴 노력과 시간, 돈 그리고 갖춘 능력에 비해서 금전적인 대우가 적다는 게 가장 큰 문제인 것 같아요.

만약 금전적인 대우만 높았다면 비정규직이라도 모두가 수용했을 거예요. 제가 만나본 사람 중에 통번역사 분들은 굉장히 우수한 능력을 갖추고 있어요. 일단 소통능력이 높고 또 통역을 전문적으로 하시다 보니 텍스트의 이해 능력과 전달 능력이 다른 어떠한 직군과 비교해도 비교가 안 될 정도로 차이가 나요. 상당히 많이 납니다.

저는 해외문화홍보를 담당하다 보니 통번역사님과 일을 많이 하거든요. 그래서 다른 사람들과 협의를 하거나 회의를 하면 통번역사는 빨리빨리 알아듣고 빨리빨리 캐치를 해요. 텍스트를 줘도 빨리빨리 이해하고 텍스트를 써도 빨리빨리 쓰고 그래서 모든 언어로 된 정보의 전달과 커뮤니케이션이 원활한데 이에 비해서 다른 직군들은 뒤처져요. 그래서 통번역사는 굉장히 우수한 자질을 가지고 있기 때문에 추가적으로 또 다른 탤런트를 갖추게 되면 그 직군에서 일하는 어떠한 사람들보다 훨씬 더 인정을 받더라고요. 제 주변에 통번역을 기반으로 다른 업무까지 같이 하시는 분들을 보면 그분들의 능력이 다른 직군의 사람들보다 훨씬 더 뛰어나요. 기본적으로 사람을 대할 때 예의가 있고 어떤 것이 소통인가에 대해서 고민을 많이 해요. 사람을 어떻게 대하는가에 대해서 통번역사는 굉장히 좋은 자질을 가지고 있어요.

Q 통번역사는 언어 이외에 어떤 자질이 필요할까요?

꼭 필요하다고 생각하지는 않지만 알아두면 좋겠다고 생각하는 건 있어요. 그건 정치인 것 같아요. 우리가 정치 지식에 너무 무지해요. 아까 제가 중국 시안 반도체에 있었을 때 그 반도체 공장을 짓는 모든 과정과 실제적이라고 말하는 것들이 어떤 원론적인 목적을 가졌는지를 직접 눈으로 봤을 때 깨달은 건 정치가 현실 생활을 바꾼다는 것. 그래서 정치에 대한 지식을 많이 습득해야만 실제적인 것들을 더 많이 할 수 있어요. 아까 말씀드린 것처럼 기초가 있어야 응용이 되는 것처럼요. 통번역사는 중립적인 입장을 유지해야 해서 정치적인 의견을 넣지 않으려 해요. 근데 사실상 그게 가능하지는 않다고 봐요. 아까 직역과 의역을 말한 것처럼 통역은 인간이 하는 일이잖아요. 자신의 정치적인 의견을 계속 피력하는 것은 지양해야 하지만 자신의 정치적인 의견은 갖추고 있어야 해요. 정치야말로 현재 사회를 이끌어가는 가장 큰 원동력 중의 하나이고 어찌 보면 권력이잖아요. 현실 세계를 움직이고 추진하는 원동력에 대해서 우리가 너무 무심하게 보고 있지 않나. 그렇게 된다면 통번역하는 과정에서 아주 많은 부분을 해독하기 어려울 거예요.

**Q 들인 노력에 비해 사회적으로 인정 받기 힘든 직업인데도
통번역대학원 입시학원은 여전히 문전성시인데요.
무엇 때문에 이렇게 도전하려 할까요?**

사람들은 표현할 때 행복을 느끼는 것 같아요. 자신의 감정을 표현할 때. 말을 하고 말을 듣는 것. 우리가 평소에 하나의 언어로만 이야기하다가 갑자기 다른 언어를 씀으로써 더 많은 사람에게 표현하고 또 다른 언어로 표현된 것을 들을 기회가 있다 보니 그 자체에서 행복을 느끼는 거죠. 모국어가 아닌 다른 언어로 소통한다는 것 자체가 신기하고 또 상대방의 말을 알아들을 수 있다는 것 자체에 신기함을 느끼는 것 같아요. 인간은 행복을 추구하는 존재인데 사람은 대게 표현할 때, 행복을 느껴요. 자신을 표현할 때 가장 원초적인 수단이 언어이니까요.

**Q 힘들게 얻은 '통번역사' 타이틀을 내려놓고 다른 직종으로
변경하시는 분들이 많은데요. 어떤 이유 때문일까요?**

세 가지 측면이 있는데 첫 번째 이유는 금전적인 대우인 것 같아요. 만약 통번역사에 대한 금전적인 대우가 좋았더라면 통번역사는 통번역만 했을 거예요. 안주했을 겁니다. 이건 확실하다고 봐요. 통번역사 뿐만 아니라 모든 직업이 그렇더라고요. 그것 하나만 해서 돈이 된다면 안정적인 생활만 할 수 있다면 그 상태를 유지했을 텐데 그게 안 되니까 다른 업무들을 찾아가는 거죠. 사회에 나와서는 더더욱 그래요.

두 번째는 제가 느끼기에 통번역사는 호기심이 많은 직군은 아니었던 것 같아요. 물론 지식에 대한 탐구성은 높은 편이지만 호기심이 많은 편은 아닌 것 같아요. 왜냐하면 호기심이 많다고 한다면 통번역하는 과정에 좀 더 깊숙이 들어갔겠죠. 하지만 전달하는 그 단계에서 끝나니까요. 넓고 얕은 지식을 갖추라는 말을 많이 하잖아요. 호기심이 많으면 넓고 깊은 지식을 갖거나 좁고 깊은 지식을 갖게 되는데 그런 면에서는 저희가 호기심이 많아서 다양한 직군으로 가는 건 아닌 것 같아요.

세 번째는 자기 개발적인 측면이 아닐까 싶어요. 자기 능력을 어떻게 해서든 확장해야 하니까요.

Q 선배님께서 근무하시고 계신 아리랑 TV는 어떤 기관인가요?

아리랑 TV는 공공기관이다 보니 공무원과 비슷하게 일을 합니다.

일단 9시에서 6시까지 근무하고 완전히 칼퇴근입니다. 업무 스트레스가 다른 회사보다 현저하게 낮아요. 삼성과 비교하면 1/3도 안 되는 것 같아요. 그래서 그게 너무나 가장 큰 매력이에요.(웃음) 여유를 찾을 수 있으니까요. 하지만 여기에 계신 몇몇 분들은 여기에서의 근무 환경이 여유로우신 걸 모르시죠. 다른 곳에서 근무를 안 해보셨으니... 다른 회사보다 현저히 적은 일을 하면서도 힘들다고 하시는 분들이 종종 있죠. 일단 9시에서 6시까지 근무를 하다 보니 일이 힘들다고 생각해도 다른 회사와 비교했을 때 개인적인 시간이 생겨요. 그런 측면에서 봤을 때는 굉장히 좋은 것 같아요. 모든 회사가 그렇게 되었으면 좋겠어요.

Q 아리랑 TV 사내 분위기는 어떤가요?

사내 분위기는 굉장히 암울해요. 지상파 방송국은 활기차고 방송사 간, 프로그램 간 경쟁이 있어서 바쁘게 돌아가지만 저희는 시청률 압박이 없다 보니 굉장히 나태하다고 해야 하나요. 여유가 있는 사무실 분위기예요. 여기는 보통 다감기한이 길어서 느긋하게 일을 할 수 있어요. 마치 시골에 있는 듯한 느낌. 사실 업무를 할 때는 좀 바빠야 재미있기는 하죠. 저희 팀은 엄청 바빠요. 일하고 싶어 하는 사람은 많이 하고 적게 하고 싶은 사람은 적게 해요.

근데 전체적으로 봤을 때 이게 더 맞다고 생각해요. 사람들이 일하려고 사는 게 아니라 살기 위해서 일을 하는 거잖아요. 그런 과정에서 일이 어떤 즐거움의 대상이면 좋기는 하지만 아닌 사람들도 있잖아요. 그걸 선택할 수 있어야 한다고 생각하거든요. 회사에서 보이는 퍼포먼스나 업무의 효율은 조금 떨어진다고 하더라도 인간 삶 자체의 만족도는 높아지기 때문에 사회 전체적으로 봤을 때 더 건강한 사회가 되지 않을까. 물론 저희 팀처럼 다른 부서도 조금만 더 바빠지면 좋을 것 같아요.

**Q PD의 시선으로 인하우스 통번역사의 삶을
5글자로 표현해볼 수 있을까요?**

솔직한 마음으로? 남의 집에서 사는 '더부살이 삶', 저는 통번역을 그렇게 보지 않지만 창의적이고 중요한 업무를 하고 있어도 외지 손님인 듯한 느낌은 분명히 있어요. 굉장히 안타까운 거죠. 가지고 있는 능력과 회사에 기여하는 공로에 비해서 인정을 못 받죠.

**Q 예전에 인하우스 통번역사로 근무하셨을 때
실제로 더부살이의 감정을 느끼셨나요?**

외로웠던 것 같아요.

꼭 인하우스 통번역사가 아니더라도 비정규직이라는 제도가 없어져야 하지 않나. 너무 비열한 것 같아요. 비정규직 문제는 결국 생각의 문제거든요. 비정규직을 정규직으로 돌릴 때 얼마만큼의 돈이 드느냐는 시장적인 시선으로 보게 되면 비록 비용이 많이 들기는 하지만 사회나 국가가 그 비용을 지급할 의무가 있거든요. 근데 그런 의무가 있는데 왜 못하냐면 기득권이 너무 많은 부를 가져가는 거예요.

근데 이게는 사람들이 워낙 똑똑하잖아요. 그리고 기득권들의 부가 불합리하다는 것을 사람들이 느끼게 된 거죠. 그러면 이제 사람들이 말을 안 듣게 되고 말을 안 듣게 되면 무언가 말을 잘 듣게 하는 볼모가 있어야 하는데 그게 저가 볼 때는 바로 생존이었던 거죠. 일자리는 결국 생존이잖아요. 그래서 어떤 정권이든 불만이 생기기는 하지만 가장 시위의 빈도가 줄어들었을 때가 이명박 전 대통령과 박근혜 전 대통령 시기였는데 이분들이 바로 일자리로 사람들의 생존을 뒤흔들었죠. 자기 말을 잘 듣게 하기 위해서 그 생존을 가지고 볼모를 잡는 건 아주 비열한 것 같아요.

Q 인하우스 통번역사의 장점은 무엇인가요?

장점이라 한다면 아무래도 자기 업무를 진행하면서 다른 업무들을 객관적으로 볼 수 있는 것 같아요. 제3자의 입장에서 여러 업무를 볼 수 있는 거죠. 대부분 다른 업무를 접하게 될 때 나의 이해관계로써 그것을 판단하기 때문에 서로 싸우게 돼요. 하지만 통번역사는 항상 제3자의 입장이잖아요. 중간에서 소통을 시켜줘야 하고 정리해줘야 하니까 각 팀의 문제를 더 객관적인 시야로 폭넓게 볼 수 있지 않나. 이쪽저쪽 낄 수 없는 상황이 단점일 수 있지만 어떻게 보면 그 점이 객관적으로 볼 수 있기 때문에 장점으로도 작용하지 않나.

Q 회사 내부에서 통번역사에 대한 인식은 어떠한가요?

엄밀히 말하면 회사에서 통번역을 주요 업무라고 생각하지 않아요. 부가 업무라고 생각을 하죠. 확실한 장벽이 있습니다.

그 이유에 대해서 고민을 해봤는데 제가 봤을 때는 철학의 문제인 것 같아요. 어떤 기초와 철학이 굉장히 탄탄했더라면 통번역이 가지고 있는 이론이 다른 곳에서 많이 접목될 수 있었을 테고 의사결정을 하는 분들에게 설득할 수 있는 근거가 될 수 있었을 텐데 권력을 가지고 있는 사람들에게는 통번역이 가지고 있는 철학이 느껴지지 않기 때문에 결국 외주 대상일 뿐이었던 것 같아요. 만약 통번역사가 다른 인재들보다 소통 능력이 훨씬 강하다는 걸 인정받는다면 회사에서 고용할 때 굉장히 각광을 받겠죠. 근데 대부분 그 가치를 알지 못하기 때문에 통번역사의 가치를 인정하지 않아요. 그냥 이 사람은 언어만 잘하는 사람으로 치부돼요. 단기적으로 언어를 빨리 배울 수 없으니 그냥 외주를 주는… 근데 만약 언어에 능통한 사람이 소통 능력에 능하고 사교성이 좋고 공감대가 높아서 업무를 더 긍정적으로 끌어들일 수 있다는 사례가 명확히 있었더라면 조건이 달라지지 않았을까요.

Q 회사 내부에서 통번역사에 대한 이미지는 어떤가요?

상황마다 다를 수 있을 것 같은데요. 저도 가끔 통번역사가 '도도하다', '자기 것만 한다'는 얘기를 많이 들었던 것 같아요. 저도 같이 일을 하다 보면 어떤 뉘앙스인지 추측을 할 수는 있는데요.

예를 들어 회사 내부 직원들이 통역 혹은 번역 외주를 받은 후에 회사에 보고를 꼭 해야하는 상황이라 통역사에게 보고서 작성을 부탁드리면 기본적으로 "내가 보고서를 왜 쓰냐"라고 하시죠. "내가 번역을 하면 했지 왜 내가 브고서를 쓰냐"라고 하시기도 하고요. 근데 회사에서는 외주를 받고 번역을 진행하게 되면 그 번역에 대한 보고서를 작성해야 하거든요. 근데 통번역사님들은 번역 자체가 최종 결과물인 거예요. 이후에 있는 다른 업무들은 부가업무로 생각을 하고 우리에게 페이를 요구하죠. 근데 회사 내부에서는 당연히 보고서까지가 최종인데 말이죠. 예전에는 통역이나 번역이 끝나면 "수고하셨습니다"하고 끝났는데 회사에서 보고서를 요구하면 "돈 주세요" 하니까 회사 차원에서는 돈을 밝힌다고 생각하죠.

Q 방송계에서 통번역사에 대한 대우는 어떠한가요?

지금은 괜찮아졌다고 하지만 방송계는 수직적인 관계가 심하죠. 저희 아리랑 TV는 굉장히 약한 편이에요. 저희는 문체부에 고발하면 난리가 나거든요. 그래서 조금 약한데 지상파 PD가 가지고 있는 권한이 무소불위(無所不爲)의 권한이에요. 거의 왕이죠. 그래서 밑에 있는 친구들을 대할 때 굉장히 하대해요. 욕도 하고... 근데 그렇게 하대하다가 통번역사가 딱 들어오면 통번역사들은 대체로 고학력이잖아요? 학부도 명문대 나오신 분들도 많고요. 그래서 일반 스태프 대하듯이는 못 대해요. 그런데 또 잘 대해주기에는 하대하는 습성이 남아있어요. 그러다 보니 통역사님이 PD에게 뭔가 요구를 하면 그쪽에서는 "우리 애들은 일 시키면 밤 11시에도 일어나서 하는데 통역사들은 자기 것만 챙기려고 한다. 이기적이다" 뭐 이런 얘기가 나오는 거죠.

이기적이고 이기적이지 않은 것을 떠나서 모든 업무는 시간당, 페이를 책정해야 해요. 자기들이 다른 사람의 노동을 무단으로 착취하고 수탈하고 돈을 안 줘놓고는 그게 마치 정상적인 것처럼 강요하는 거죠.

그리고 사실 조연출들이 하는 반 이상의 업무가 하지 않아도 되는 업무예요. PD들이 처음부터 기획을 잘 짜면 충분히 안 해도 되는 업무가 대부분이죠. 예를 들어 공항 가서 입국 절차를 밟을 때 짐 맡기는 과정이 복잡하니까 미리 짐을 신청해 두면 쉽게 들어갈 수 있잖아요. 근데 PD는 그 일이 내 일이 아니기 때문에 손 놓고 있다가 현장에 가서 조금만 일이 복잡해지면 "조연출 너 뭐 했어?" 이런 식으로 나무라는 경우가 부지기수예요. 간단하게 예시를 들어서 그렇지 상상도 못 할 정도로 이런 경우가 많아요.

처음부터 기획을 꼼꼼하게 잘한다면 조연출과 통번역사가 힘든 일이 없죠. 비단 기획뿐만 아니라 사업 총괄자도 꼭 뒷북을 쳐서… 만약 추가되는 비용 발생을 PD에게 맡겨버리면 아마 엄청 열심히 할걸요?

Q 통번역사는 수많은 전문가들 사이에서 어떻게 살아남을 수 있을까요?

어렵기는 한데 제가 썼었던 방법 중의 하나는 공부를 많이 하는 거예요. 일단 지식이 있으면 사람이 사람을 무시하기 힘들어요. 잘난 체만 안 하면요. 그러면 무시하기 힘들더라고요. 기본적으로 지식이 힘이에요. 예를 들어서 중국 사업에 관해서 이야기할 때 통번역사가 시장조사나 이에 관련된 지식을 쫙 이야기할 줄 안다는 건 업무를 효율적으로 할 수 있다는 능력을 보여주는 거거든요. 그렇게 되면 통번역사는 말을 바꾸고 치환해주는 어떤 수동적인 인물이라고 생각했는데 이렇게 능동적인 모습을 보면 사람이 더 뛰어나 보이고 무시를 못 하게 돼요. 시간이 있다면 공부를 좀 더 하는 게 좋을 것 같고요. 어떤 분야를 막론하고 공부를 많이 해 두면 좋아요.

그리고 운동. 건강하면 무시하기 힘들어요. 다들 지쳐 있는데 건강하면 에너지가 있으니까요. 갑자기 일을 시켜도 신체가 힘들면 짜증을 내기 마련인데 체력이 되는 친구가 "그거 아무것도 아니에요"라고 하면서 일을 맡아주면 오히려 대단하다고 생각하게 되는 거죠. 결국 지식, 체력이 가장 중요해요.

Q 직업을 막론하고 롱런하기 위한 가치관이 있다면요?

오히려 그런 가치관을 가지지 않는 것이 중요하지 않나. 가치관을 가지게 되면 항상 나의 것과 남의 것을 구분하게 돼요. 에고(ego)가 강해져요. 우리가 보편적으로 용인할 수 있는 가치들 예를 들면 살인을 하지 말라 이런 보편적인 가치는 지키되 꼭 어떤 신념을 유지하는 것은 타인을 배척하게 되는 것 같아요. 그래서 웬만하면 가치관은 갖지 않는 게 좋지 않나.

Q 선배님께 '언어'란 어떤 의미인가요?

언어는 가장 기초적이고 가장 완성도가 높은 지식 체계인 것 같아요. 가장 기본인데 가장 완성된 지식체계. 그러니까 한 인간이 의사소통하는 데에 있어서 한 언어를 무리 없이 진행한다면 그 사람은 현존하는 모든 지식체계를 이해할 수 있는 능력이 되었다고 증명하는 것과 같다고 생각해요. 가장 어려운 게 양자역학이라고 하는데 근데 그건 언어보다 어렵지 않아요.

양자역학이라는 것은 상대성 이론이나 우리가 어렵다고 생각하는 가설들과 이론들을 한 인간이 사운드와 코드로 표현하는 거잖아요. 근데 언어보다 어려운 일은 아니라고 생각해요. 우리가 말하는 이론과 지식체계들은 전부 다 언어로 되어있잖아요. 그렇기 때문에 언어야말로 인간 지식의 기초이자 최정점이라고 생각해요.

Q 어떻게 언어적 한계를 극복할 수 있을까요?

언어라는 어원을 보면 말씀 언(言)과 말씀 어(語)인데 여기서 상형문자를 보면 그 안에는 말을 하는 것과 표기하는 것이 포함되어 있어요.

우리는 보통 감정과 생각을 사운드와 코드를 통해서 전달하잖아요. 근데 어느 상황에서는 이 사운드와 코드로 나의 감정을 온전히 담을 수 없어요. 예를 들면 사랑한다는 말을 두 사람이 함께 쓴다고 하더라도 그 사랑의 정도는 다르잖아요. 똑같은 말을 쓴다고 하더라도 약속을 통해 표현할 뿐이지 정도는 다르니까요. 그때는 비언어적인 행동, 제스처로 극복하는 거죠. 말하다가 도저히 통하지 않을 때는 오히려 행동이나 제스처가 그걸 극복할 수 있지 않나.

Q '언어' 하나 만으로 성공할 수 있을까요?

'언어' 하나만으로 성공하는 것도 좋은 방법이라고 생각해요. 언어만으로 성공한 사람들이 저희 주변에 생각보다 많아요. 교수님들이 전부 다 그렇죠. 교수님들 경우에는 언어만으로 성공하셨죠. 금전적인 대우가 좋으신 분들도 있잖아요.

근데 자기가 가진 언어 능력보다 운이나 기회가 맞지 않아서 관철되지 못 하는 상황이 오기도 해요. 그렇지만 그런 상황이 온다고 하더라도 크게 실망할 필요는 없지 않을까. 언젠가는 그 기회가 오니까요. 그리고 언어로 성공하려고 했지만 나중에 그 성공하기 위한 방법을 바꾼다고 해서 잘못된 것도 아니고요.

Q 과거로 돌아간다면 또다시 통번역대학원에 진학하실 건가요?

지금은 통번역사로 활동하고 있지 않아서 직업 자체는 모르겠지만 과거로 돌아간다면 통번역사는 몰라도 통번역이라는 학문은 공부했을 것 같아요. 우리가 '통번역'이라는 단어를 쓰기는 하지만 이 안에는 언어 능력과 소통 능력이 포함되어 있잖아요. 제 생각에 통번역은 하나의 기능인 것 같아요. '통번역' 안에 있는 알맹이는 언어능력과 소통 능력이고 그걸 통번역이라는 기능으로 보여주는 거죠. 그런 측면에서 봤을 때 모든 업무는 인간을 떠나서 할 수 없기 때문에 언어와 소통이 가장 중요한 것 같아요. 특히 AI 시대에 많은 것이 기계로 대체되는 상황에서 직접적인 소통과 언어가 더욱 중요하지 않을까. 그렇기 때문에 통번역사라는 직업 수는 줄어들어도 통번역 업무는 더욱더 전문화되고 중요성이 더 강조되리라 생각합니다.

Q 새롭게 도전하고 싶으신 분야가 있으신가요?

제가 가장 하고 싶은 일은 콘텐츠 제작과 프로그래밍이거든요. 그래서 여기에 있으면서 콘텐츠 제작과 프로그래밍을 따로 공부하고 있고 지금 하는 일에도 접목하려고 하고 있어요.

**Q 통번역과 프로그래밍, 콘텐츠 제작은 완전 다른 분야인데
어떤 이유로 관심을 가지게 되었나요?**

프로그래밍, 콘텐츠 제작, 통번역을 생각해보면 결국 사람은 자기표현을 할 때 행복하다고 생각하거든요. 그 표현하는 방법을 응집할 수 있는 것이 콘텐츠라고 생각해요. 그렇기 때문에 제가 표현하기도 하고 남이 표현한 것을 즐기고 싶은 거죠. 21세기 AI가 발달할수록 가장 매력적인 상품은 문화콘텐츠가 아닐까. 1인 미디어, 인스타그램, 페이스북이 그런 맥락인 거죠.

**Q 만약 여행을 떠날 시간이 주어진다면
어떻게 시간을 보내고 싶으신가요?**

저는 중국 동북 3성의 독립운동지역을 돌아보고 싶어요. 제가 예전에 통번역 일을 하고 집으로 돌아가다가 갑자기 문득 든 생각인데 그때 제가 했던 통역 내용이 어렵지 않은 내용이다 보니 행사도 잘 진행되고 클라이언트, 손님 모두 좋은 분위기로 헤어졌어요. 그러고 나서 20만 원을 받았는데 생각보다 많은 돈을 받았다고 생각했죠. '내가 이 정도의 일을 했는데 20만 원을 받을 수 있는 사회에 살고 있구나'라는 생각을 하게 되었어요. 사실 이런 사회는 부모님 세대, 할아버지, 할머니 세대가 자신들도 보상받지 못하던 그런 시기에 치열하게 만들어 낸 세상이잖아요. 그리고 더 윗세대를 살펴보면 만주에서 독립운동을 하던 분들… 저는 이런 부분에 있어서 한국 사람이라는 것을 자랑스럽고 또 굉장히 행운이었다고 생각해요.

이런 물질적인, 정신적인 혜택을 누리게 해 주신 전혀 얼굴도 모르는 선조들과 그 시대의 세대들이 가지고 있던 정신적인 교감을 이어가고 싶어요

Q 선배님의 행복은 무엇인가요?

어릴 적부터 행복에 대해 아주 많이 생각했어요. 우리가 기쁘고 즐거운 것 만이 행복이라고 말할 수 있는가. 왜냐하면 가끔은 우울한데 행복할 때가 있거든요. 가끔 침울한 나 자신이 뭔가 편안하고 즐거울 때가 있어요. 온전한 기쁨이라는 것이 과연 있는 것인가. 온전한 기쁨이라는 것은 어떤 고통이 있기 때문이 아니었던가. 어느 시점을 즐거움으로 잡고 어느 시점을 고통으로 잡는 것이 과연 가능한가. 생과 사가 정확하게 나눠질 수 있는가. 모든 생로병사가 하나의 순환을 이루고 있는 것처럼 즐거움이라는 감정만이 행복이라고 할 수 없지 않은가.

물론 즐거운 것이 행복이긴 해요. 그렇지만 이런 감정만이 행복이라고 할 수는 없어요. 그래서 후에 생각을 해보니 어쩌면 내가 살아가면서 이 세상에서 느낄 수 있는 모든 것, 정신적, 물질적, 감정적, 육체적으로 느낄 수 있는 모든 감정 자체가 행복이 아닌가. 어쩌면 살아가는 것 자체가 행복이 아닐까 싶어요. 만약 행복이라는 것을 이런 시선으로 바라보게 되면 생로병사에 있어서 조금은 더 객관적으로 보고 긍정적으로 수용할 수 있지 않을까요? 삶 자체가 행복일 수 있다.

Q 이 책을 읽을 소중한 가족들에게 한 마디 부탁드립니다.

저는 아버지, 어머니를 가장 존경해요. 아버지와 어머니는 지금까지 저를 사랑으로 그리고 신뢰로 대해주셨어요. 어렸을 때는 어머니, 아버지가 굉장히 특별한 분인 줄 알았어요. 근데 시간이 지나고 보니까 다른 어머니와 아버지처럼 평범하다는 것을 느꼈어요. 어머니, 아버지도 굉장히 평범한데 저에게는 굉장히 특별한 일을 하셨던 것 같아요.

그래서 비범하다는 것은 어찌 보면 평범하기 때문에 비범한 것이 아닌가라는 생각을 했어요. 어머니, 아버지를 보면서 어머니처럼 그리고 아버지처럼 되고 싶었던 것 같아요.

불초의 자식이라는 말, '불초의 자식을 용서해주십시오'라는 말이 있는데 그 불초의 '초(肖)'가 '닮는다'라는 뜻이더라고요. '어머니, 아버지를 닮지 못한 소자를 용서해주십시오'라는 뜻이더라고요. 그래서 저는 어머니, 아버지처럼 닮아가고 싶어요.

어머니, 아버지가 저에게 주셨던 평범하면서도 굉장히 따뜻한 가치를 우리 아이들도 이어갈 수 있기를 바라요.

Q 이 책을 읽을 독자들에게 한 마디 해주세요.

저는 처음에 이 책을 쓰신다고 하셨을 때 취지도 좋고 어려운 일인데 가치가 있는 일을 많이 하신다고 생각했거든요.

이 책에 담은 이야기가 있을 텐데요. 독자분들이 좋아하는 에피소드를 찾으실 수 있지만, 그것만으로도 좋지만, 처음에 집필자가 왜 이 책을 쓰려고 했는지에 대해서 고민을 하고 왜 이렇게 구성을 했을까에 대해서 생각을 해보면 도든 에피소드나 이 매체 자체가 더 큰 울림으로 다가올 수 있지 않을까라고 생각합니다.

통번역을 해야 하는 가장 기본적인 원칙이 무엇인가,

궁극적인 취지가 무엇인가 했을 때의

명확한 답이 없었던 것 같아요.

그 취지에 대한 명확한 답을 주지 못하다 보니

통역 방식도 항상 임시변통적이었던 거죠.

원래 과학이라는 것도 기초가 있으면

그 기초를 기반으로 응용이 나오는 거잖아요.

근데 통번역대학원의 교육은

기초 즉 베이직이 없었던 것 같아요.

많은 사람들의 지적인 경험과 노하우를 담을 수 있는

기초 이론이 없었기 때문에

계속 줏대 없는 응용 기술만 남발되는 느낌이었죠.

통번역사를 둘러싼 환상과 현실과의 괴리에 대하여

Epilogue

나는 스스로에게 **다시 한 번** 물었다.

나... 통번역사로 살아가도 정말 괜찮을까...

나의 선택이 옳았다는 것을 증명하기 위해
하루 일정을 분 단위로 계획하며 지내왔다.

숨이 막혔지만 어찌할 도리가 없었고
눈물이 났지만 어찌할 방도가 없었다.

'만성피로'가 아닌 '만성지침'을 앓고 있었고
자존심과 자존감이 갈라지기 시작하면서
우울함 그리고 슬픔이 그 틈을 메꿨다.

하지만

<올 어바웃 통번역사>를 발간하며 깨달았다.

어떠한 선택을 하든

'틀린 선택은 없다는 것'

자신의 선택이 스스로를 뒤쳐지게 만든 건 아닐까 후회한다면

지금부터 우리가 해야 할 일은
지나온 길에 대한, 나의 선택에 대한 후회가 아닌
그 길을 묵묵히 걸어온 나를 인정해주고 존중해주는 것.

아프지 말고 우울해 하지 말고
누군가가 응원해주지 않는다고 슬퍼하지 말고
자신의 선택 속에서 행복을 찾아가길 바란다.

우리 모두 여기까지 잘 걸어오지 않았는가.

당신의 선택이 한 송이 꽃을 피우길 진심으로 응원한다.

Thanks to

후원자

Marie, 통역사, 책방마니아, 김규연, 박수진, 진가이, Kasia, 김평순, 선은실, 정혜원, mel_vely, 꿈꾸는도시, 해파리, 번개, 신사, 김지훈, zilo****, 1010110, 안녕, 최형규, 건성, 홍콩사랑, 버섯님, 한나님, 임미라, bloomingclaire, 장경숙, 김유림, 김기호, se****, 홍승냥, 이윤희, col****, 노소정, 잉어군, Tiramisu 백송이, 이준호, 웃자, 김종욱, wjdgotj****, BD, 열대, nichtzusein, 권오준, yij****, 별(a), 우블리, sum, 김유리, Marco Polo, 별(b), 조영은, 단, 훈key, 블루미, 박재하, Janine Langendorfer, 손정은, 손수연, 허문금, 성원, 이지현, 에이스, kimboreumdal, 이희영, 홉, 이다경, 왕스, 신짱, 마늘, 정다혜, 김성경, 낭만, lso****, 김시연, 서애, 최원석, 장현진, PiaoDuyan, gra, 고영선, 재은, andrea, 수, 김보경, 띠해, 하하하하하하, 미아, JihyeLee, 정정은, hima, 유다경, 아제, 기쁨주는은아이, Enott, bb****, 혜연, s****, kk****, Xuan, Lisaa K., parkso****, HAILEY, 종이컵, 박민희, 김수민, ㅇㅇ, 윈, Hayden, 무, cello****, 뿜빵빠따, 이랑, 돌맹이, 신민지, 장다솜, 김유영, 우헮, 안애영, 현, 쏘, 이혜빈 님

8인의 인터뷰이

김인경 정다혜 김성아 박은주
박소정 박유지 임미라 이무헌

표지 일러스트

귀찮

이 외 감사한 분들

김평순 , 김은기   김이슬 , 김승현 , 김바다
이지윤 , 채가애(너를 위한 홍콩/너를 위한 호치민)
책방마니아 , 스페인책방 , 서울문화인쇄

도와주시고 응원해주시는 분들 덕분에
정말 많은 힘이 되었습니다.

<올 어바웃 통번역사>에 후원해주신 모든 분들께 감사드립니다.

올 어바웃 통번역사
All About Interpreter

초판 1쇄 발행일 2020년 02월 07일

지은이	하니
표지 일러스트	귀찮

펴낸이	하니
펴낸곳	하니 출판사
출판등록	2020년 1월 17일 (제2020-000006호)
이메일	official_allabout@naver.com
인스타그램	@official_all.about
ISBN	979-11-969446-2-9(03700)
책값	14,800원

* 이 도서의 저작권은 지은이 하니에게 있습니다.
* 저자와 출판사 동의 없이 내용의 전부 또는 일부를 인용, 발췌하는 것을 금합니다.
  이와 관련된 기타 사항은 메일로 문의바랍니다.
* 이 도서의 국립중앙도서관 출판예정도서목록(CIP)은 서지정보유통지원시스템 홈페이지(http://seoji.nl.go.kr)와
  국가자료종합목록 구축시스템(http://kolis-net.nl.go.kr)에서 이용하실 수 있습니다.(CIP제어번호: CIP2020003427)

ⓒ 2020 All About Interpreter, Printed in Seoul, Korea.